LES PRINCIPES DE L'ORGANISATION SCIENTIFIQUE DU TRAVAIL

FREDERICK WINSLOW TAYLOR
1911

Traduit par Clarisse Brisset

Table des matières

INTRODUCTION

Lors de son allocution aux Gouverneurs de la Maison Blanche, le Président Roosevelt fit remarquer avec clairvoyance que « La question de la préservation de nos ressources nationales n'était que préliminaire à celle, plus fondamentale, de la productivité nationale.

L'entièreté du pays reconnut alors soudainement l'importance de préserver nos ressources matérielles, ce qui lança un grand mouvement tourné vers l'accomplissement de cet objectif. Jusqu'ici, cependant, nous n'avons été que très peu sensibles à l'importance de « la question plus fondamentale de la productivité nationale. »

Nous sommes témoins de la disparition de nos forêts, du gaspillage de notre énergie hydraulique, de l'érosion de nos sols face aux inondations, et la fin de nos stocks de charbon comme de fer est en vue. Mais les plus gros gaspillages en termes d'effort humain, ceux-là même qui se perpétuent chaque jour au travers de nos actes maladroits, mal supervisés, ou inefficaces, et auxquels M. Roosevelt fait référence en parlant d'un manque de « productivité nationale », sont moins visibles, moins tangibles, et ne sont donc que très légèrement pris en considération.

Nous pouvons voir et sentir ce gaspillage lorsqu'il s'agit de biens matériels. Des gestes humains maladroits, inefficaces, ou mal supervisés, en revanche, ne laissent aucune trace visible ou tangible derrière eux. Reconnaître ces derniers requiert l'action de la mémoire, ainsi qu'un effort de l'imagination. C'est pour cette raison que, bien que la perte journalière due à ce manque d'efficacité dépasse de loin nos pertes matérielles, cette dernière nous affecte profondément, tandis que la première ne nous touche que modérément.

Jusqu'à présent, il n'y a eu aucune agitation publique en faveur d'« une meilleure productivité nationale », aucune demande de réunion n'a été faite pour se poser la question de comment cela pourrait être mis en place. Mais il perdure des signes montrant que la nécessité d'un accroissement de la productivité est largement éprouvée.

La recherche de meilleurs hommes, mieux qualifiés, qu'il s'agisse de directeurs de grandes entreprises ou de domestiques, n'a jamais été plus intense qu'aujourd'hui. Et jamais encore la demande de travailleurs qualifiés n'a tant dépassé l'offre.

Ce que nous recherchons tous, néanmoins, c'est le travailleur tout fait, qualifié ; le travailleur qui a déjà été formé par un autre. Mais ce n'est que lorsque nous aurons compris que notre devoir, ainsi que notre chance, résident dans la participation systématique à la formation de cet homme qualifié, plutôt que dans la chasse au travailleur formé par un autre, que nous ouvrirons la voie à la productivité nationale.

Par le passé, cette idée dominante était heureusement exprimée par l'adage « On nait capitaine d'industrie, on ne le devient pas », et la théorie voulait qu'il suffisait de trouver le bon travailleur pour pouvoir lui laisser sans crainte le choix des méthodes. Plus tard, on appréciera le fait que même les leaders nés soient correctement formés, et qu'aucun homme naturellement doué (conformément au précédent système de gestion de personnel) ne puisse entrer en compétition avec un certain nombre d'hommes ordinaires ayant été convenablement formés à coopérer avec efficacité.

Auparavant, c'est l'homme qui était premier ; mais dans le monde de demain, le système devra le devancer. Cela ne signifie en aucun cas, cependant, que l'on n'a plus besoin de grands hommes. Au contraire, le point de départ de tout bon système doit consister à développer des hommes « de première classe », et dans cette organisation systématique le meilleur homme grimpera tous les échelons avec plus de certitude et de rapidité que jamais auparavant.

Cette brochure est ainsi rédigée :

Premièrement. Il faudra montrer, à travers une série d'exemples simples, la lourde perte essuyée par le pays à cause de l'inefficacité de la presque totalité de nos actions journalières.

Deuxièmement. Il faudra convaincre le lecteur que le remède à l'inefficacité réside dans l'organisation systématique du travail plutôt que dans la quête de quelque homme insolite ou extraordinaire.

Troisièmement. Il faudra prouver que la meilleure organisation est une réelle science, ayant pour fondement des lois, règles et principes clairement définis. Il faudra ensuite montrer que les principes fondamentaux de l'organisation scientifique du travail sont applicables à tout genre d'activités humaines, de nos plus simples actes individuels au travail de nos grandes sociétés, qui requièrent une coopération des plus élaborées. Il faudra ensuite convaincre brièvement le lecteur, à travers une série d'exemples, qu'à chaque mise en application de ces principes suivront des résultats tout à fait stupéfiants.

Cette brochure était originellement destinée à être présentée à l'American Society of Mechanical Engineers. Les exemples choisis permettront, je crois, d'intéresser particulièrement les ingénieurs et responsables industriels, ainsi que tous les hommes employés par ces établissements. J'ai néanmoins espoir que les autres lecteurs verront clairement que les mêmes principes peuvent être appliqués de la même façon à tous les secteurs d'activité : à l'organisation de nos foyers, de nos fermes ; à celle des affaires de nos commerçants, qu'ils soient modestes ou importants, à l'organisation de nos églises, de nos institutions philanthropiques, de nos universités, et de nos départements gouvernementaux.

CHAPITRE I

LES FONDAMENTAUX DE L'ORGANISATION SCIENTIFIQUE DU TRAVAIL

L'objectif principal de l'organisation scientifique du travail doit être de garantir une prospérité maximale à l'employeur ainsi qu'à chaque employé.

La « prospérité maximale » est à comprendre au sens général, c'est-à-dire non seulement en termes de dividendes importants pour l'entreprise ou le patron, mais aussi en termes de développement de l'entièreté des branches de l'entreprise, jusqu'à ce qu'elles atteignent leur plus haut point d'excellence pour que la prospérité puisse être permanente. De la même manière, la prospérité maximale pour chaque employé ne signifie pas seulement l'obtention de salaires supérieurs à ceux habituellement perçus par les hommes de cette classe, mais aussi et **surtout** le développement de chaque homme pour atteindre son efficacité maximale, de façon à ce qu'il soit capable de réaliser, dans l'ensemble, le plus haut degré de travail permis par ses capacités naturelles, et cela signifie alors qu'il devra être chargé, dans la mesure du possible, de cette classe de travail.

Il semble aller de soi que la prospérité maximale de l'employeur conjointe à celle de l'employé devraient être les deux objets moteurs de l'organisation du travail, et il ne devrait pas même être nécessaire de le préciser. Pourtant, il ne fait aucun doute que, dans le monde de l'industrie, une grande part du patronat, ainsi que du salariat, est davantage en faveur de la guerre que de la paix, et que vraisemblablement, d'un côté comme de l'autre, la majorité ne croit pas à la possibilité d'arranger leurs relations mutuelles de façon à rendre leurs intérêts identiques.

La majorité de ces hommes pensent que les intérêts fondamentaux des employés et des employeurs sont nécessairement antagonistes. L'organisation scientifique du travail, au contraire, repose sur la ferme conviction que les réels intérêts de l'un et de l'autre sont identiques ; que la prospérité de l'employeur ne peut exister à long terme si elle n'est pas assortie de la prospérité de l'employé, et vice-versa ; et qu'il est possible d'octroyer au travailleur ce qu'il désire le plus (un salaire élevé) tout en donnant à l'employeur ce à quoi il aspire pour ses usines (une main d'œuvre à faible coût).

Il est à espérer qu'au moins certains de ceux qui ne partagent pas ces idées changeront d'avis : que certains employeurs, qui d'ordinaire cherchent à soutirer à leurs travailleurs les plus grandes ressources de travail possibles tout en les payant un minimum parviendront à voir les bénéfices d'une politique plus libérale ; et que certains de ces travailleurs qui jalousent les justes et larges bénéfices de leur employeur en pensant que la totalité des fruits de leur labeur devrait leur revenir, et jugeant que ceux pour qui ils travaillent ainsi que les capitaux investis dans l'entreprise n'ont droit à rien ou presque rien, pourront changer leurs opinions.

Personne ne pourra nier que pour tout individu singulier, la prospérité la plus complète ne peut exister que lorsqu'il atteint son plus haut degré de productivité, c'est-à-dire lorsqu'il atteint son plus haut rendement journalier.

Cela est parfaitement visible dans le cas où deux hommes travaillent ensemble. Par exemple : si vous et votre employé avez acquis suffisamment de compétences pour produire ensemble deux paires de chaussures par jour quand votre concurrent et son travailleur n'en produisent qu'une, il est clair qu'après avoir vendu ces deux paires vous pourrez bien mieux payer votre employé que ne le peut faire votre concurrent, et il restera suffisamment d'argent pour faire de plus gros bénéfices que ce dernier.

Dans le cas d'un établissement industriel plus complexe, il devrait, là aussi, être évident que la prospérité la plus complète du travailleur, couplée à celle de l'employeur, ne peut être acquise que lorsque le travail y est accompli en dépensant un minimum d'effort humain, conjugué aux ressources naturelles, à l'investissement de capitaux en machines, bâtiments, *etc*. Soit, pour le formuler différemment : que la plus grande prospérité ne peut exister qu'en tant qu'effet de la plus haute productivité possible atteinte par les hommes et machines de l'usine ; c'est-à-dire lorsque chaque homme et chaque machine produisent le meilleur rendement possible ; parce qu'à moins que vos hommes et vos machines travaillent chaque jour davantage que ceux qui vous entourent, il est clair que la concurrence vous empêchera de mieux rémunérer vos hommes que votre concurrent. Et pour ce qui est de la possibilité de verser de hauts salaires, ce qui est vrai pour deux entreprises concurrentes proches est vrai pour l'entièreté du pays, et pour les nations, qui rivalisent entre elles. En un mot, la prospérité maximale ne peut exister que grâce à la productivité maximale. Plus loin dans cette brochure seront abordés des exemples d'entreprises possédant de gros dividendes, et versant dans le même temps à leurs hommes des salaires supérieurs de 30 à 100% à ceux perçus par des travailleurs similaires à proximité, et avec qui ils sont en compétition. Ces exemples couvriront différents types de travail, des plus élémentaires aux plus complexes.

Si le raisonnement ci-dessus est exact, il en suit naturellement que l'objectif le plus fondamental des travailleurs comme du patronat devrait être de former tout individu prenant part à l'entreprise, de façon à ce qu'il puisse exécuter (en étant le plus rapide et le plus productif possible) la meilleure classe de travail permise par ses capacités naturelles.

Ces principes semblent si évidents que nombre d'entre vous trouverons puéril le simple fait de les énoncer. Étudions cependant les faits, tels qu'ils existent en ce pays et en Angleterre. Les peuples anglais et américains sont les meilleurs athlètes qu'il y aient au monde. Chaque fois qu'un travailleur américain joue au baseball, ou qu'un travailleur anglais s'adonne au cricket, on peut dire à coup sûr qu'il fera tout ce qu'il est en son pouvoir pour s'assurer la victoire. Il donnera le meilleur de lui-même pour faire le plus de tours possible. Ce sentiment universel est si puissant que tout homme qui ne se donne pas au maximum dans le sport est catalogué comme « lâcheur », et traité avec mépris par ceux qui l'entourent.

Lorsque ce même travailleur retourne à l'ouvrage le lendemain, au lieu de faire tout ce qu'il est en son pouvoir pour exécuter un maximum de tâches, il se contentera dans la plupart des cas d'en faire le moins possible, ne réalisant que la moitié, voire le tiers, de ce qu'il pourrait normalement faire en une journée. Et pire encore : dans le cas où il ferait de son mieux pour produire au maximum, il serait blâmé par ses camarades, et ce encore davantage que s'il s'était avéré être un « lâcheur » au sport. La flânerie ouvrière, qui consiste à travailler lentement de façon délibérée pour éviter de faire une journée de travail entière, « soldiering » comme on la nomme en ce pays, « hanging it out » en Angleterre, ou encore « ca canae » en Écosse, est commune à presque tous les établissements industriels, et prédomine également largement dans les métiers du bâtiment. L'auteur affirme sans crainte d'être contredit que cela constitue les plus grands maux dont souffrent aujourd'hui les travailleurs d'Angleterre et d'Amérique.

Il sera démontré plus loin dans cette brochure que mettre fin à la flânerie ouvrière sous toutes ses formes, et arranger les relations entre employeur et employé de façon à ce que chaque travailleur fournisse le meilleur travail possible en faisant preuve de rapidité, tout en étant épaulé par l'encadrement dans une coopération intime, permettrait en moyenne de presque doubler la production de chaque homme et de chaque machine. Quelles autres réformes, parmi celles qui sont discutées par ces deux nations, seraient capables d'en faire autant pour promouvoir la prospérité, réduire la pauvreté, et soulager les souffrances ? L'Amérique et l'Angleterre ont récemment été troublées par des sujets tels que le tarif, le contrôle des grandes sociétés d'une part, et de la transmission héréditaire d'autre part, ainsi que d'autres propositions de nature plus ou moins socialistes concernant l'imposition *etc.* Ces sujets ont profondément impacté les deux nations, et pourtant rien n'a été dit à propos de ce sujet plus vaste et plus fondamental de la flânerie ouvrière, qui affecte directement et fortement les salaires, la prospérité, et la vie de tout travailleur, ainsi que celle de tous les établissements industriels de la nation.

L'élimination de la flânerie ouvrière et des multiples causes du ralentissement du travail réduirait de façon si prodigieuse le coût de production que notre patrie _et_ les marchés étrangers s'en trouveraient fortement agrandis, nous permettant une concurrence plus redoutable encore avec nos rivaux. Cela nous soulagerait de l'une des causes fondamentales des périodes de faible activité économique, du chômage, de la pauvreté, et aurait donc un effet plus étendu et plus durable sur ces fléaux que tout autre remède curatif utilisé de nos jours pour modérer leurs impacts. Cela assurerait de meilleurs salaires, raccourcirait le temps de travail, et améliorerait les conditions de travail comme de vie.

Comment se fait-il, alors, que face à l'évidence du fait que la prospérité maximale dépende de l'effort de chaque travailleur à vouloir produire chaque jour le plus grand nombre de tâches, la majorité de nos hommes décide de faire tout le contraire, et que même dans le cas où ils agiraient selon les meilleures intentions, leur travail s'avérerait souvent loin d'être productif ?

Il y a trois causes à cela, qui peuvent être brièvement résumées en ces termes :

Premièrement. La conception erronée circulant depuis des temps immémoriaux parmi les ouvriers, qu'une hausse de la production de chaque homme et de chaque machine priverait sur le long terme nombre d'hommes de leur travail.

Deuxièmement. La défaillance des systèmes d'organisation du travail qui sont en vigueur aujourd'hui, et qui rendent nécessaire la flânerie ouvrière, pour que les travailleurs puissent défendre leurs propres intérêts.

Troisièmement. Les méthodes peu rigoureuses et inefficaces, qui sont encore communes à toutes les professions, et dont la pratique entraîne d'importants gaspillages en termes d'efforts humains.

Cette brochure s'efforcera de montrer les gains considérables que promet la substitution des méthodes approximatives par une organisation scientifique du travail.

Détaillons davantage ces trois causes :

Premièrement. La grande majorité des travailleurs pense, encore aujourd'hui, que s'ils travaillaient le plus vite possible, ils lèseraient l'ensemble des travailleurs en entraînant la réduction des effectifs. Et pourtant, la genèse de toute profession démontre que chaque amélioration, qu'elle consiste en l'invention d'une nouvelle machine ou à l'introduction d'une méthode plus efficace, provoque l'amélioration de la productivité des travailleurs au sein de cette profession ainsi que la baisse des coûts, et crée ainsi du travail supplémentaire au lieu d'engendrer le licenciement des hommes.

La baisse de prix de tout bien d'usage courant entraîne presque immédiatement une forte hausse de la demande. Prenez l'exemple des chaussures. L'introduction de la machine dans la confection de ce qui était autrefois fait à la main a permis de produire des chaussures à un prix nettement inférieur au coût initial de la main-d'œuvre. Face à des prix si bas, presque tous les hommes, femmes et enfants des classes ouvrières se sont mis à acheter une ou deux paires de chaussures à l'année, et les ont portées continuellement, tandis que par le passé les travailleurs achetaient peut-être une paire tous les cinq ans, et marchaient pieds-nus la plupart du temps, ne les portant qu'en cas d'extrême nécessité, ou comme s'il s'agissait d'accessoires de luxe. En dépit de cette imposante hausse de la production de chaussures par travailleur, permise par le recours à la machine, la demande de chaussures a tant augmenté que cette industrie emploie dorénavant, de manière très significative, plus d'hommes qu'auparavant.

Dans la quasi-totalité des professions, les travailleurs sont confrontés à un exemple concret similaire ; et pourtant, parce qu'ils ne connaissent pas l'histoire de leur métier, ils croient toujours fermement, comme leurs pères avant eux, qu'il est contraire aux intérêts de chaque homme de produire chaque jour le plus de tâches possible.

Conformément à cette idée erronée, une importante portion des travailleurs de ces deux pays freine délibérément le travail dans le but de restreindre le rendement. À peu près tous les syndicats ont établi, ou prévoient d'établir des règles ayant pour objectif de limiter le rendement de leurs membres, et ces hommes qui ont sur les classes ouvrières la plus grande influence, -les dirigeants syndicaux ainsi que les nombreuses personnes aux sentiments philanthropiques qui les soutiennent-, diffusent quotidiennement cette idée fausse tout en leur répétant qu'on les surcharge de travail.

On a dit et continue de dire beaucoup de choses à propos desdites « usines à sueur ». Et l'auteur a beaucoup de sympathie pour ceux que l'on surcharge de travail, mais il en a encore bien davantage pour ceux que l'on rémunère mal. Mais pour un individu surchargé, cependant, des centaines d'autres freinent volontairement (et grandement) le travail, et ce chaque jour de leur vie. Ce faisant néanmoins, ils contribuent délibérément à l'établissement de ces conditions qui, à la fin, donnent inévitablement lieu à de faibles salaires. En dépit de cela, aucune voix ne se lève pour tenter de parer à ce malheur.

En tant qu'ingénieurs ou directeurs, nous avons une plus intime connaissance de ces faits que toute autre classe dans la communauté, et par conséquent, nous sommes les mieux placés pour mener un mouvement de lutte contre cette idée erronée, en éduquant non seulement les travailleurs, mais aussi l'entièreté du pays. Pourtant, nous n'agissons pratiquement pas dans la poursuite de ce but, et l'abandonnons aux mains des agitateurs syndicaux (dont nombre d'entre eux sont mal informés et malavisés) et aux sentimentalistes ignorants de la réalité des conditions de travail.

Deuxièmement. Concernant la deuxième cause de la flânerie ouvrière (c'est-à-dire les relations employeur-employé dans la plupart des systèmes d'organisation du travail en vigueur aujourd'hui), il est impossible d'expliquer en peu de mots à quiconque est étranger à ce problème en quoi l'ignorance des employeurs quant au temps idéal que devrait prendre la réalisation d'un certain nombre de tâches fait qu'il devient plus intéressant pour l'employé de freiner le travail.

L'auteur cite donc ci-joint un document lu à The American Society of Mechanical Engineers en Juin 1903, intitulé « La Direction des ateliers », et qui, je l'espère, élucidera tout à fait cette cause de la flânerie ouvrière :

« Le freinage, ou la flânerie ouvrière, découle de deux phénomènes. Premièrement, de l'instinct naturel de l'homme et de sa tendance à l'oisiveté, ce que l'on pourra nommer flânerie naturelle. Secondement, d'une réflexion et d'un raisonnement plus complexe survenant à cause de ses relations avec d'autres hommes, ce que l'on nommera flânerie systématique. »

« Il ne fait aucun doute que tout homme moyen (issu de n'importe quel milieu) a tendance à travailler à un rythme lent et confortable, et ce n'est qu'après une bonne dose de réflexion et d'observation effectuée en lui-même, ou résultant d'un évènement exemplaire, de sa conscience, ou de la pression extérieure, qu'il adoptera un rythme plus rapide. »

« Il existe, bien sûr, des hommes dont l'énergie, la vitalité et l'ambition dépassent la norme, et qui décident naturellement d'adopter un rythme plus prompt, de définir eux-mêmes leurs objectifs, et qui travaillent dur, même si cela devait aller à l'encontre de leurs intérêts. Mais ces quelques hommes extraordinaires ne font qu'offrir un contraste qui rend d'autant plus visible la tendance de la moyenne. »

« Cette tendance commune à l'oisiveté est encore accrue par le fait de rassembler un grand nombre d'hommes autour d'une même tâche, et ce pour un salaire à la journée commun à tous ».

« Au vu de cette organisation, les meilleurs hommes eux-mêmes ralentissent la cadence pour adopter celle des plus lents et des moins efficaces. Lorsqu'un homme naturellement énergique travaille plusieurs jours durant à côté d'un travailleur paresseux, la logique qui découle de cette situation est alors imparable ».

« Pourquoi travaillerais-je dur lorsque ce fainéant gagne la même chose que moi en en faisant moitié moins ? »

« Une étude attentive des temps d'exécution des employés travaillant dans de telles conditions nous offre un ridicule et pitoyable aperçu de cela. »

« Par exemple : L'auteur a chronométré un travailleur naturellement énergique qui, sur le chemin qui mène à son travail, marche à une vitesse de cinq à six kilomètres par heure, et rentre même souvent à petite foulée à la fin de sa journée. Dès son arrivée au travail, son allure ralentit jusqu'à atteindre moins de deux kilomètres par heure. Quand, par exemple, il pousse une brouette chargée, il se met à marcher rapidement, même en montée, pour passer le moins de temps possible à souffrir ce fardeau. Mais sur le chemin du retour, il réduit immédiatement sa vitesse à nouveau pour prendre du retard, à défaut d'avoir l'autorisation de s'asseoir. Pour s'assurer de ne pas travailler plus que son voisin paresseux, il s'épuise volontairement dans l'effort pour être par la suite plus lent. »

« Ces hommes travaillaient sous la surveillance d'un contremaître de bonne réputation, hautement estimé par son employeur, qui, lorsque l'on attira son attention sur la situation, répondit : « Eh bien, je peux bien les empêcher de s'asseoir, mais même le diable ne pourrait les contraindre à se dépêcher lorsqu'ils sont à l'ouvrage. »

« Cette paresse naturelle de l'Homme est préoccupante, mais bien plus grave est le freinage systématique, qui affecte les employeurs comme les employés, et qui n'est pas loin d'être commun à l'ensemble des organisations ordinaires et habituelles du travail, dans la mesure où il résulte d'une étude attentive des travailleurs de ce qui pourrait préserver au mieux leurs intérêts. »

« L'auteur a récemment trouvé digne du plus grand intérêt la conversation d'un jeune caddie de douze ans qui, non dépourvu d'expérience, exposait à un camarade plus naïf ayant fait preuve de beaucoup d'énergie et d'intérêt, la nécessité d'être lent et de se laisser distancer par son golfeur, lui montrant ainsi que, puisqu'ils étaient payés à l'heure, plus vite ils allaient, moins ils gagnaient d'argent. Il conclut d'ailleurs en lui disant que s'il allait trop vite, les autres caddies le lui feraient payer.

« Ceci représente cependant un cas de flânerie ouvrière qui n'est pas réellement dangereux, puisque l'employeur en est conscient, et pourrait facilement y mettre fin s'il le voulait. »

« La grande majorité du freinage systématique, en revanche, est exercée par les travailleurs avec la volonté de cacher à leurs employeurs le temps bien amoindri que prendrait une tâche si elle était accomplie honnêtement. »

« Ce but poursuivi par le freinage systématique est si commun qu'il est difficile de trouver, dans un gros établissement, un travailleur qualifié qui ne passe pas le plus clair de son temps à réfléchir comment travailler le plus lentement possible tout en persuadant son employeur qu'il travaille à un bon rythme, et ce qu'il s'agisse de salaire à la journée comme à la pièce, ou de travail contractuel, et de n'importe quel système ordinaire d'organisation du travail. »

« Les causes, très brièvement, en sont que presque tous les employeurs déterminent, sur une somme maximale qu'ils jugent juste de donner par jour à chaque classe d'employés, si leurs hommes sont rémunérés à la journée ou à la pièce. »

« Chaque travailleur découvre ensuite rapidement quel montant lui est attribué, puis réalise que lorsque l'employeur est convaincu qu'un homme est capable de produire plus qu'il ne le fait, il trouve, un jour ou l'autre, le moyen de le contraindre à atteindre ce maximum sans pour autant augmenter, ou bien très peu, son salaire. »

« Les employeurs parviennent à savoir quelle quantité de travail peut être effectuée en un jour grâce à leur expérience personnelle, qui cependant s'épuise progressivement avec l'âge à cause de l'observation distraite et peu méthodique de leurs hommes, ou, dans le meilleur des cas, grâce aux archives ayant enregistré les meilleurs temps d'exécution de chaque métier. Dans la plupart des cas, l'employeur sera pratiquement certain de la possibilité de réaliser une tâche plus rapidement que par le passé, mais ne prendra que très peu la peine d'adopter des mesures drastiques pour contraindre ses hommes à accomplir des temps records, à moins qu'il possède l'historique prouvant la possibilité de réaliser de tels temps. »

« Dans ces conditions, il est alors dans l'intérêt de chaque homme de voir qu'aucune tâche n'a été effectuée plus rapidement que par le passé. C'est ce qu'enseignent les aînés aux plus jeunes et aux moins expérimentés, et cette pression sociale vise à dissuader les cupides et les égoïstes d'enregistrer de nouveaux records qui augmenteraient temporairement leurs salaires, tandis que tous les autres auraient alors à travailler plus dur pour espérer toucher le même salaire qu'auparavant. »

« Dans le cas de la meilleure journée de travail possible dans un système traditionnel d'organisation du travail, c'est-à-dire lorsque des archives enregistrant la productivité et la quantité de travail exécutée par chaque homme ont été conservées, et lorsque le salaire d'un homme est augmenté s'il s'améliore tandis que ceux qui ne parviennent pas à atteindre les objectifs fixés sont congédiés et remplacés par de nouveaux hommes sélectionnés avec soin, il est alors largement possible de mettre fin à la flânerie naturelle comme à la flânerie systématique. Cela ne peut cependant avoir lieu que lorsque les hommes sont tout à fait convaincus qu'il n'y a aucun risque que le travail à la pièce soit mis en place, et ce même dans un futur lointain. Mais il est presque impossible de faire croire cela aux hommes lorsque le travail en question pourrait effectivement être effectué à la pièce. Ainsi, dans la plupart des cas, leur peur d'atteindre un nouveau record de temps qui sera alors utilisé comme donnée de base pour instituer le salaire à la pièce les conduira à freiner la production autant que possible. »

« C'est cependant dans le cadre du travail à la pièce que l'art du freinage systématique se développe pleinement ; car après qu'un travailleur ait vu son salaire à la pièce diminuer deux ou trois fois en conséquence de la hausse de ses efforts et de son rendement, il est probable qu'il perde tout à fait de vue les raisons motivant son employeur et décide de manifester une sombre détermination à mettre fin à ces réductions de salaire si le freinage peut le lui permettre. Malheureusement pour la moralité du travailleur, le freinage systématique demande de tromper et de fourvoyer volontairement l'employeur, poussant ainsi les hommes droits et francs à se faire plus ou moins hypocrites. L'employeur est très vite considéré comme un antagoniste, sinon comme un ennemi, et la confiance mutuelle qui devrait exister entre un chef et ses hommes, l'enthousiasme, le sentiment de travailler ensemble à la même fin et d'en partager les fruits : tout cela disparaît.

« Cet antagonisme qui règne sur le système à la pièce habituel devient dans de nombreux cas si prononcé du côté des travailleurs que toute proposition faite par les employeurs, même parfaitement raisonnable, est désormais considérée avec méfiance, et le freinage devient tellement une habitude que les hommes prendront souvent la peine de limiter la production des machines qu'ils assistent alors même que contribuer à la hausse de la production ne leur demanderait pas plus de travail. »

Troisièmement. Concernant la troisième cause de la flânerie ouvrière, une portion importante de ce texte sera dédiée à l'illustration du gain, dont profitent employeurs et employés, qui découle de la substitution de méthodes approximatives par des méthodes scientifiques, et ce dans les moindres détails des tâches exécutées par chaque métier. Il suffit qu'une personne soit témoin de l'amélioration résultant d'une étude complète des temps et des mouvements d'exécution pour comprendre qu'il est possible de réaliser de considérables gains de temps et hausses de rendements en remplaçant les gestes futiles, lents, et inefficaces de nos travailleurs.

Voici une brève explication : étant donné que les travailleurs de toute profession confondue apprennent leur métier en observant ceux qui les entourent, il existe alors actuellement différentes manières de faire une même chose ; peut-être quarante, cinquante, ou une centaine de façons diverses et variées de réaliser une tâche unique à l'intérieur d'une même profession, et c'est pour cette même raison qu'il existe une grande variété d'outils dans chaque classe de travail. Cependant, parmi cette diversité de méthodes et d'outils appliqués à une même tâche, il existe toujours une méthode et un outil particulier qui se trouvent être plus rapides et plus efficaces que tout le reste.

Cette méthode et cet outil plus performants, ne peuvent être découverts et développés que grâce à une étude et une analyse rationnelles de toutes les méthodes et outils à l'œuvre, accompagnées d'une étude précise et minutieuse des temps et des mouvements d'exécution. Cela requiert la substitution progressive des méthodes approximatives par des méthodes scientifiques dans les arts mécaniques.

Cette brochure montrera que la philosophie sous-jacente à tous les vieux systèmes d'organisation du travail en vigueur aujourd'hui rend nécessaire le fait de laisser aux travailleurs la responsabilité de faire leur métier comme ils l'entendent en termes de méthodes et d'outils, avec relativement peu d'aide ou de conseils de la part de l'encadrement. Il sera également démontré que, à cause de cet isolement des travailleurs, il est dans la plupart des cas impossible aux hommes qui évoluent dans de tels systèmes d'exécuter leur travail conformément aux règles et lois d'une science de l'art, même lorsque celle-ci existe.

L'auteur pose comme principe général (et il propose de donner plus tard dans ce texte plusieurs exemples capables de prouver ce fait) que dans la quasi-totalité des arts mécaniques, la science qui sous-tend les actes des ouvriers prend une place si importante que le travailleur le mieux adapté à la réalisation d'une tâche est en fait incapable de comprendre tout à fait cette science sans l'aide et les conseils de ceux avec ou pour qui il travaille, que cela soit dû à son manque d'éducation ou à l'insuffisance de ses capacités intellectuelles.

Pour que le travail soit réalisé conformément aux lois de la science, il est nécessaire de partager la responsabilité de façon bien plus égale entre la direction et les travailleurs qu'elle ne l'est actuellement dans tout système ordinaire de l'organisation du travail. L'encadrement, dont la mission est de développer cette science, se doit aussi de guider et d'aider les travailleurs à œuvrer conformément à cette dernière, et doit assumer une responsabilité bien plus grande pour ce qui est des résultats que ce qui est habituellement adossé par la direction.

Le développement de cet écrit montrera que travailler conformément aux lois de la science demande que l'encadrement exerce une grande part du travail qui est aujourd'hui encore laissé aux travailleurs. Les actes de ces derniers doivent être précédés d'une ou plusieurs étapes préliminaires effectuées par la direction, permettant ainsi à l'ouvrier de réaliser son travail beaucoup plus efficacement. Chaque employé devrait recevoir quotidiennement l'enseignement et l'aide la plus sincère de ceux pour qui il travaille, au lieu d'être contraint et forcé par ses chefs, ou à l'inverse, laissé seul et sans assistance.

Cette coopération intime et personnelle entre la direction et ses hommes est l'essence même des principes scientifiques de l'organisation du travail.

Une série d'exemples concrets montrera que grâce cette coopération intime, notamment, et grâce au partage égal de la charge de travail quotidienne, tous les obstacles (décrits ci-dessus) entravant le rendement maximal des hommes et des machines au sein de l'établissement se trouvent écartés. Les salaires supérieurs de 30 à 100 pour cent que les travailleurs pourraient désormais percevoir, couplés au contact désormais journalier avec la direction, mettrait fin à toutes les causes du freinage systématique. Dans quelques années, lorsque ce système sera en vigueur, les ouvriers auront sous les yeux la preuve qu'une forte hausse du rendement par homme entraîne l'embauche de plus d'hommes encore, et non le licenciement, éradiquant alors tout à fait leurs idées erronées.

Il est ainsi de l'avis de l'auteur que, si écrire et discourir dans le but d'éduquer les travailleurs et l'entièreté des classes de la communauté humaine peut et doit être fait pour montrer l'importance d'atteindre le rendement maximal par homme et par machine, il n'en reste que ce ne sera que grâce à l'adoption des principes de l'organisation scientifique du travail que ce vaste problème trouvera sa solution. Les lecteurs de cette brochure diront sans doute que cela n'a de valeur qu'en théorie. Au contraire, la théorie, ou la philosophie de l'organisation scientifique du travail commence seulement à être appréhendée, tandis que l'encadrement et l'organisation elle-même a connu une évolution graduelle de presque plus de trente ans. Pendant ce temps, les employés, d'une entreprise à l'autre, ont progressivement changé leurs méthodes ordinaires de travail et adopté une gestion scientifique. Au moins 50 000 employés états-uniens travaillent désormais dans un tel système et reçoivent quotidiennement des salaires de 30 à 100 pour cent supérieurs à ceux perçus par des travailleurs de même calibre à proximité, tandis que les sociétés qui les emploient sont plus prospères que jamais auparavant. Dans ces sociétés, le rendement par homme et par machine a été en moyenne doublé. Durant toutes ces années, pas une seule grève n'a eu lieu parmi les hommes faisant partie de cette organisation. À la place de cette atmosphère défiante et de l'état de guerre plus ou moins explicite qui régnait dans les systèmes traditionnels de l'organisation du travail, florit la coopération intime et universelle entre le patronat et le salariat.

Plusieurs documents ont été rédigés pour décrire les petites améliorations et les expédients adoptés dans le cadre de la gestion scientifique du travail, ainsi que les étapes à respecter pour remplacer les systèmes ordinaires. Malheureusement, la plupart des lecteurs de ces documents ont pris ce qui n'était qu'un mécanisme pour une essence réelle. L'organisation scientifique du travail est fondée sur certains grands principes généraux et sur une certaine philosophie, qui peuvent être mis en application de diverses façons, et la description de ce qu'un ou plusieurs hommes pensent être le meilleur mécanisme pour appliquer ces principes généraux ne devrait en aucun cas être confondus avec les principes eux-mêmes.

Nous ne prétendons pas ici qu'il existe un remède miracle à tous les troubles de la classe laborieuse. Du moment que certains naitront paresseux ou inefficaces, que d'autres naitront cupides et brutaux, tant que le vice et le crime existeront parmi nous, alors la pauvreté, la misère et le malheur suivront. Aucun système de gestion du travail, ni aucun expédient qui soit aux mains d'un ou plusieurs hommes ne peut assurer une prospérité ininterrompue aux travailleurs ou aux employeurs. La prospérité dépend de tellement de facteurs sur lesquels les hommes, les états et les pays n'ont aucun contrôle, qu'inévitablement, il y aura des moments de souffrance plus ou moins intenses pour les ouvriers comme pour leurs employeurs. Nous soutenons, cependant, que dans une organisation scientifique du travail, les temps de prospérité seront bien plus florissants, heureux, et affranchis de la discorde et de la dissension ; et que, de la même manière, les moments de souffrance seront moins fréquents, plus brefs, et la douleur moins intense. Et cela sera particulièrement vrai pour toute ville, en tout lieu du pays, ou en tout lieu du monde, qui, la première, décidera de substituer ses méthodes de travail approximatives par l'adoption des principes scientifiques de l'organisation du travail.

L'auteur est profondément convaincu de la diffusion, tôt ou tard, de ces principes à travers le monde civilisé, et plus vite nous les fixerons, mieux s'en portera le peuple.

CHAPITRE II

LES PRINCIPES DE L'ORGANISATION SCIENTIFIQUE DU TRAVAIL

L'auteur a constaté que trois questions s'imposaient particulièrement à l'esprit des hommes s'intéressant à la gestion rationnelle du travail.

La première étant : en quoi les principes de l'organisation scientifique du travail diffèrent-ils de ceux de l'organisation ordinaire ?

Deuxième question : pourquoi la gestion rationnelle et scientifique du travail parvient-elle à produire de meilleurs résultats que les autres types d'organisation du travail ?

Troisième question : Le problème le plus fondamental n'est-il pas plutôt celui de réussir à mettre la main sur le meilleur homme qui soit pour diriger l'entreprise ? Et si celui-ci est effectivement aux commandes, ne pourrait-on pas lui laisser en toute confiance le choix du type de gestion et d'organisation ?

Les pages ci-dessous auront pour principal objectif d'offrir une réponse satisfaisante à ces questions.

LA MEILLEURE GESTION DU TRAVAIL PARMI LES TYPES ORDINAIRES D'ORGANISATION

Avant d'aborder la question des principes de l'organisation scientifique du travail, ou de la gestion rationnelle, comme elle pourra aussi être appelée, il semble souhaitable de souligner ce que l'auteur croit être le meilleur système d'organisation ordinaire en vigueur aujourd'hui. Cela servira à montrer et donc mieux apprécier la grande différence entre le meilleur système ordinaire de gestion et le système scientifique de l'organisation du travail.

Dans un établissement industriel employant entre 500 et 1000 travailleurs, nous compterons dans de nombreux cas un minimum de vingt à trente métiers différents. Les ouvriers de chacun de ces métiers ont acquis leur savoir-faire grâce au bouche-à-oreille, et ce durant les nombreuses années pendant lesquelles leur profession s'est développée pour quitter sa condition primitive (pendant laquelle nos ancêtres lointains pratiquaient tous individuellement de nombreux métiers différents) et atteindre sa présente condition de grande et grandissante structure de division du travail, au sein de laquelle se spécialisent les hommes en se fixant sur une plus petite classe de travail.

L'ingéniosité de chaque génération a contribué à développer des méthodes plus rapides et plus efficaces pour réaliser toutes les étapes demandées par chaque métier. Ainsi, les méthodes utilisées aujourd'hui peuvent être considérées, au sens large, comme le résultat d'une évolution issue de la survie des meilleures idées adoptées depuis la naissance de chaque profession. Cependant, si cela est vrai au sens large du terme, seuls ceux qui exercent personnellement ces métiers ont pleinement conscience du fait qu'il n'existe presque aucune uniformité dans le choix des méthodes utilisées. Au lieu de standardiser une manière de faire, il existe une cinquantaine ou une centaine de façons différentes d'effectuer les tâches. Il suffit de songer au fait que les méthodes ont été transmises d'un homme à l'autre par le bouche-à-oreille, ou ont été, souvent, apprises inconsciemment par le biais de l'observation personnelle, pour comprendre le caractère inévitable de ce fait. Ces méthodes n'ont pratiquement jamais été codifiées, analysées ou décrites. L'ingéniosité et l'expérience de chaque génération, de chaque décennie, même, ont sans le moindre doute permis de transmettre à la suivante de meilleures méthodes qu'avant. Cette quantité de savoir approximatif (ou traditionnel) peut être considéré comme outil et atout principal de tout travailleur. Dans le meilleur système ordinaire de l'organisation du travail, la direction reconnaît franchement le fait que ces 500 ou 1000 travailleurs, répartis dans chacune des vingt ou trente professions, possèdent ce savoir traditionnel dont une grande partie est inconnue à l'encadrement. La direction, bien sûr, comprend les contremaîtres et les directeurs, qui très souvent ont eux-mêmes été des travailleurs de première classe par le passé. Pourtant, ces contremaîtres et ces directeurs savent mieux que quiconque que leur savoir et leurs compétences personnelles sont bien inférieures au savoir accumulé et à la dextérité de leurs hommes. Les responsables les plus expérimentés remettent donc franchement aux travailleurs le choix des méthodes, pour que le travail soit le plus efficace et économique possible. En effet, ils considèrent que leur laisser cette tâche est à même d'induire les travailleurs à faire de leur mieux, à travailler durement, à mobiliser tout leur savoir traditionnel, leur habileté, leur ingéniosité, et leur bonne volonté : en un mot, à faire preuve « d'initiative », pour produire le meilleur rendement possible. Le problème de la direction, néanmoins, est de parvenir à obtenir de son travailleur la plus grande initiative possible. L'auteur fait usage du terme « initiative » dans son sens le plus large, pour désigner et inclure toutes les qualités recherchées chez les travailleurs.

D'un autre côté, un directeur intelligent ne s'attendrait même pas à ce que ses hommes fassent preuve d'une initiative totale sans avoir promis quelque chose en échange. Seuls les lecteurs ayant été directeurs ou ayant exercé un travail manuel savent à quel point le travailleur moyen n'a pas les capacités de montrer à son employeur toute son initiative et sa volonté. Il semble d'ailleurs fort à propos de préciser que dans plus de neuf établissements industriels sur dix, les ouvriers pensent qu'il va tout à fait à l'encontre de leurs intérêts de manifester à leurs employeurs toute leur bonne volonté, et ainsi à la place de travailler dur pour produire le meilleur rendement possible pour leur employeur, ils travaillent délibérément le plus lentement possible tout en essayant de persuader la direction qu'ils travaillent vite[1].

Par conséquent, l'auteur répète que pour espérer obtenir de ses hommes un certain esprit d'initiative, le directeur devra leur donner quelque avantage en échange. Cet avantage pourra être accordé de diverses façons, comme par exemple en donnant l'espoir d'être imminemment promu, de percevoir un meilleur salaire (que cela soit sous la forme de salaires à la pièce généreux, d'une prime, ou de quelque bonus récompensant un travail rapide et de bonne qualité), d'avoir à fournir moins d'heures de travail, de profiter d'un meilleur cadre, ou de meilleures conditions de travail, *etc.* Par-dessus tout, cet avantage spécial doit ne pas être dépourvu de la considération personnelle et du contact chaleureux qui, adressés aux travailleurs, ne doivent découler que d'un intérêt sincère et bienveillant au bien-être du salariat. Ce n'est que grâce à un avantage spécial de ce genre que l'employeur pourra espérer, même approximativement, que ses hommes adoptent un certain esprit d'initiative. Dans le système ordinaire de l'organisation du travail, la nécessité de promettre quelque avantage à l'ouvrier s'est tant généralisée qu'une part importante de ceux qui s'intéressaient le plus à ce sujet considèrent l'adoption de l'un des systèmes modernes de paiement des travailleurs (à la pièce, avec un plan de primes, ou de bonus par exemple) comme pratiquement constitutif du système d'organisation. Cependant, dans le système scientifique de l'organisation du travail, la question du système de paiement particulier à adopter n'est qu'un élément secondaire.

Ainsi, de manière générale, le meilleur système ordinaire de l'organisation du travail en vigueur aujourd'hui peut être défini comme une organisation où les travailleurs font preuve d'un bon esprit d'initiative et reçoivent en retour quelque avantage spécial de la part de leurs employeurs. Ce type de gestion pourra être qualifié d'organisation « initiative-avantage », par opposition à l'organisation scientifique du travail, ou gestion rationnelle, avec laquelle elle sera comparée.

L'auteur a espoir que l'organisation « initiative-avantage » sera reconnue comme le meilleur type de gestion en vigueur aujourd'hui. Il pense d'ailleurs qu'en raison de cela, il ne sera pas chose aisée de persuader le cadre moyen qu'il existe un meilleur système que celui-ci. Ainsi, la dure tâche que se propose d'entreprendre l'auteur consiste à prouver de façon tout à fait convaincante qu'il existe en fait un autre type d'organisation,

considérablement meilleur et supérieur au type «
initiative-avantage ».

Le préjudice universel qui favorise l'établissement de la
gestion de type « initiative-avantage » est si considérable,
qu'aucun des avantages théoriques d'un autre système ne
pourraient convaincre un cadre moyen de la supériorité de ce
dernier. Il faudra recourir à de multiples cas et exemples
pratiques montrant le fonctionnement des deux systèmes pour
que l'auteur puisse espérer prouver la suprématie de
l'organisation scientifique sur tous les autres types de gestion.
Certains principes élémentaires, ainsi qu'une certaine
philosophie, devront néanmoins être admis en tant qu'essence
de ce qui sera illustré par les cas pratiques. Les principes
généraux sur lesquels diffèrent largement l'organisation
scientifique et le système ordinaire et approximatif du travail
sont si simples dans leur nature qu'on appréciera le fait de les
décrire avant d'aborder les exemples concrets.

Dans l'ancien système d'organisation du travail, le succès
de la production dépend presque entièrement de l'« initiative
» des travailleurs, qui ne se manifeste que très rarement. Dans
l'organisation scientifique du travail, l'« initiative » des
travailleurs (c'est-à-dire leur dur labeur, leur bonne volonté et
leur ingéniosité) s'obtient de façon absolument uniforme et
plus largement que ne le permet un système d'organisation
traditionnel. En plus de cette amélioration du côté des ouvriers,
l'encadrement se charge désormais de devoirs et de
responsabilités qui n'avaient jamais été envisagées auparavant.
La direction s'occupe, par exemple, de rassembler tout le savoir
traditionnel accumulé par les travailleurs pour en organiser et
en classifier les données, afin d'obtenir et d'établir des règles,

des lois et des formules qui soulageront grandement les ouvriers dans leur travail quotidien. En plus de ce développement de la rationalisation, la direction doit assumer trois autres types de devoirs différents, qui seront autant de nouveaux et lourds fardeaux à porter.

Ces devoirs peuvent être regroupés en quatre catégories :

La première catégorie de devoirs consiste à rationaliser toutes les exécutions des ouvriers pour remplacer les méthodes empiriques et approximatives.

Dans le cadre de la deuxième catégorie de devoirs, la direction doit sélectionner, entraîner, initier et former rationnellement le travailleur, contrairement à avant, lorsque ce dernier décidait lui-même des méthodes de son travail et se formait du mieux qu'il pouvait dans l'autonomie la plus totale.

Troisièmement, la direction doit coopérer chaleureusement avec ses hommes de manière à s'assurer que le travail est fait conformément aux principes de la science présentement développée.

Quatrièmement, le travail et la responsabilité doivent être partagés de façon presque égale entre la direction et les travailleurs. Les cadres doivent se charger de tout ce en quoi ils sont plus compétents que les ouvriers, contrairement à auparavant, où la plus grande part de responsabilité était laissée aux travailleurs.

C'est en ajoutant à l'initiative des travailleurs ces nouvelles catégories de devoirs assumées par la direction que l'organisation scientifique rendra le travail bien plus efficace que par le passé.

Trois de ces catégories existent déjà de façon rudimentaire dans de nombreux cas de l'organisation « initiative-avantage

», mais elles n'ont, au sein de cette gestion, qu'une importance mineure, tandis que dans l'organisation scientifique du travail, elles sont l'essence même du système.

La quatrième catégorie de devoirs, qui consiste à partager de manière égale la responsabilité entre la direction et les travailleurs, requiert davantage d'explications. La philosophie de la gestion « initiative-avantage » oblige les ouvriers à endosser presque tout à fait la responsabilité du choix des méthodes générales, des détails de chaque tâche, et même des outils dans de nombreux cas. En plus de cela, ils se chargent de la totalité de l'effort physique. Le développement de la rationalisation du travail, en revanche, demande la mise en place de nombreuses règles, lois et formules qui remplacent le jugement des individus et permettent un surcroît d'efficacité lorsqu'elles sont systématiquement archivées, indexées *etc.* L'usage de ces données requiert la mise à disposition d'une pièce dédiée à la conservation des livres, archives, *etc.*, ainsi que d'un bureau consacré au travail d'un planificateur. Il est d'ailleurs important de noter que ces données couvrent plusieurs milliers de pages dans les archives d'un atelier quelconque dirigé selon les principes de l'organisation scientifique.

Par conséquent, et conformément aux lois de la science, toute l'organisation qui dans l'ancien système était sous la responsabilité du travailleur doit nécessairement être assurée par la direction, puisque même si les ouvriers étaient capables de contribuer au développement et au traitement des données scientifiques, il leur serait physiquement impossible d'assister les machines et de travailler à un bureau dans le même temps. Il semble aussi évident que, dans la plupart des cas, il faut un homme particulier pour planifier, et un autre, tout à fait différent, pour exécuter le travail programmé.

Le planificateur, dont la mission consiste, dans l'organisation scientifique, à planifier le travail, constatera toujours que ce dernier est plus efficace si l'on opère une subdivision des tâches, lorsque, par exemple, les exécutions d'un mécanicien sont précédées par certaines étapes préliminaires réalisées par d'autres hommes que lui. Tout cela demande, comme dit précédemment, le partage égal de la responsabilité et du travail entre la direction et les ouvriers.

En résumé : dans le type de gestion « initiative-avantage », la quasi-totalité de la production dépend du travailleur, tandis que dans l'organisation scientifique du travail, la moitié de la production revient à la direction.

L'élément le plus important de l'organisation scientifique du travail est très probablement la notion de tâche. Le travail de chaque ouvrier doit être intégralement planifié par la direction au moins un jour à l'avance, et chacun d'entre eux doit recevoir des instructions détaillant la tâche qu'il aura à accomplir ainsi que les moyens pour ce faire. Le travail ainsi planifié à l'avance constitue une tâche à réaliser, comme expliqué ci-dessus, non par le seul travailleur, mais par l'effort joint des ouvriers et de la direction. Ces instructions ne précisent pas seulement ce qui est à faire, mais expliquent aussi comment faire, et en combien de temps. Dès que le travailleur réalise correctement sa tâche en respectant le temps imparti, il touche un salaire supérieur de 30 à 100% à ce qu'il perçoit d'habitude. Ces tâches doivent être planifiées avec soin pour en appeler à l'efficacité et à la minutie des travailleurs, mais en aucun cas il ne faut demander à un ouvrier un rythme de travail qui nuirait à sa santé. La tâche doit être toujours régularisée de façon à ce que l'homme fait pour cet ouvrage puisse s'épanouir à ce rythme sur le long terme, éprouver du plaisir, et gagner en prospérité, plutôt que de se sentir surmené. L'organisation scientifique du travail consiste donc à planifier et à mener à bien ces tâches.

L'auteur a pleinement conscience du fait que la plupart des lecteurs trouveront prétentieuses ces formules sur les quatre catégories de devoirs différenciant l'organisation scientifique du travail de l'ancien système ; et il répète alors qu'il ne sait pas comment convaincre son lecteur de leur valeur autrement qu'en faisant part de leur existence. Il espère donner la conviction de l'incroyable force de ces quatre catégories à travers une séries de cas pratiques. Il sera démontré, dans un premier temps, qu'elles pourront être appliquées à absolument toute classe de travail, des plus élémentaires aux plus complexes ; et dans un second temps, que leur application offre des résultats tout à fait surprenants et bien supérieurs à ceux qu'il est possible d'atteindre au sein d'un système d'organisation « initiative-avantage ».

Nous prendrons pour premier exemple la sidérurgie, et notamment le travail de la fonte brute, dans la mesure où ce métier représente sans doute la forme de travail la plus grossière et la plus élémentaire qui soit. Le travailleur effectue en effet cette tâche avec ses mains pour seul outil. Il se penche, s'empare d'une gueuse de fonte d'environ 42 kilogrammes, et ne fait pas plus d'un mètre avant de la laisser tomber à terre ou sur une pile. Ce travail est de nature si primitive et élémentaire, que l'auteur pense sincèrement qu'un gorille un tant soit peu intelligent ferait un bien meilleur porteur de fonte brute que n'importe quel homme. Cependant, cet écrit montrera que la science qui sous-tend la sidérurgie joue un rôle si important, qu'il est impossible à l'ouvrier le mieux adapté à la réalisation de cette tâche de comprendre les principes qui régissent cette science, ou même de travailler conformément à ces principes sans l'aide d'un homme plus éduqué que lui. Les exemples suivants montreront que la science qui, dans la quasi-totalité des arts mécaniques, soutient chacune des exécutions des travailleurs, est si considérable, que le travailleur le plus compatible à la réalisation du travail en question est incapable de comprendre cette science (à cause de son manque d'éducation ou de l'insuffisance de ses capacités intellectuelles). Nous exposons ceci comme principe général, et la vérité de ce dernier apparaitra au fur et à mesure des exemples fournis. Suite à l'application des quatre catégories à la sidérurgie, nous les appliquerons à d'autres types de métiers faisant partie des arts mécaniques, par ordre croissant, partant des professions les plus simples jusqu'à atteindre les formes de travail les plus complexes.

Lorsque l'auteur a présenté les principes de l'organisation scientifique du travail à la Bethlehem Steel Company[2]*, son premier remaniement a consisté à instaurer le système des tâches au sein de l'usine. Juste avant la guerre hispano-américaine, quelques 80 000 tonnes[3]* de fonte brute attendaient patiemment empilées dans un champ attenant à l'usine. Les prix de la fonte étaient tombés si bas que la vente ne permettait plus aucun bénéfice, contraignant donc les entreprises à la stocker. Les débuts de la guerre hispano-américaine entraînèrent la hausse des prix de la fonte, et la réserve de fer fut rapidement vendue. Cela nous donna l'opportunité de montrer à grande échelle aux ouvriers et au patronat, dans une classe de travail particulièrement élémentaire, les avantages de travailler selon un système de tâches plutôt que conformément aux systèmes démodés du travail à la pièce ou à la journée.

La Bethlehem Steel Company disposait de cinq hauts-fourneaux, dont s'occupait depuis plusieurs années une équipe de sidérurgistes. Cette équipe, à l'époque, se composait de 75 hommes. Ces sidérurgistes étaient des ouvriers relativement moyens, qui travaillaient sous la tutelle d'un excellent contremaître qui avait lui-même été sidérurgiste, et le travail effectué, dans l'ensemble, était tout aussi rapide et économique qu'ailleurs.

Un aiguillage de chemin de fer se trouvait dans le champ, juste à côté des stocks de fonte. Une planche avait été placée de façon à mener au wagon, et les ouvriers prenaient chacun dans leur pile une gueuse de fonte d'environ 42 kilos, avançaient sur la planche et jetaient la fonte dans le fond du wagon.

Dans cette équipe, chaque homme transportait en moyenne 12 tonnes et demi par jour. Nous fûmes surpris d'apprendre, après avoir étudié la situation, qu'un ouvrier sidérurgiste de première classe aurait dû pouvoir porter entre 47 et 48 tonnes par jour, à la place des 12 tonnes et demi. Cela nous sembla si conséquent que nous furent contraints de vérifier plusieurs fois nos calculs pour être absolument certains de nos résultats. Lorsque nous fûmes assurés que, pour un ouvrier sidérurgiste de première classe, la manipulation de 47 tonnes par jour représentait un objectif convenable, la tâche qui s'imposait désormais à nous, les responsables, était limpide. Il était de notre devoir de faire en sorte que ces 80 000 tonnes de fonte empilées soient chargées dans les wagons au rythme journalier de 47 tonnes par homme, à la place des 12 tonnes et demi qui réglaient précédemment la journée de travail. Il était également de notre devoir de veiller à ce que cela soit fait sans entraîner de grèves ou de querelles parmi les ouvriers, et à ce que les hommes s'épanouissent plus qu'avant.

La première étape consistait à sélectionner rationnellement nos hommes. Dans une telle organisation du travail, il est absolument nécessaire de communiquer et de négocier avec un homme à la fois, puisque tous possèdent des aptitudes et des limites qui leur sont propres, et que nous ne nous chargeons pas des travailleurs en tant que masse, mais essayons de développer chaque individu de manière à ce qu'il atteigne son plus haut degré de productivité et de prospérité. Il fallait donc premièrement trouver les hommes avec qui il serait le plus opportun de commencer. Pendant trois à quatre jours, nous avons donc observé et étudié avec soin ces 75 hommes, pour en choisir quatre qui nous semblaient physiquement aptes à porter 47 tonnes de fonte à la journée. Une étude minutieuse fut ensuite conduite sur chacun de ces hommes. Nous étudiâmes leur passé aussi loin que possible et plusieurs investigations furent menées pour connaître leur caractère, leurs habitudes et leurs ambitions. Suite à cela, nous nous fixâmes sur un homme parmi les quatre, avec qui il nous semblait judicieux de commencer le travail. C'était un petit immigré allemand que l'on avait vu rentrer à petite foulée le soir chez lui, aussi frais que lorsqu'il arrivait le matin au travail après une même course. Nous avions appris qu'il était parvenu à acheter une petite parcelle de terre avec son salaire de 1,15$ par jour, et qu'il s'occupait matin et soir de monter les murs de sa petite maison.

Il avait aussi la réputation de donner une très grande valeur à l'argent. Un ouvrier affirma d'ailleurs en parlant de lui que : « une pièce de monnaie, à ses yeux, a la taille d'une roue de charrette ». Nous l'appellerons Schmidt.

Ainsi, notre tâche se réduisait donc pour le moment à faire en sorte que Schmidt parvienne à transporter 47 tonnes de fonte à la journée et qu'il s'en réjouisse. Nous appelâmes alors Schmidt et lui parlâmes à peu près en ces termes :

« - Schmidt, est-ce que tu penses valoir cher ?

- Euf, che ne zais pas ce que fou foulez dire.

- Oh si, bien sûr que tu sais. Et je veux savoir si tu vaux cher.

- Mais, che ne zais pas.

- Allez, ça suffit maintenant, réponds à ma question. Je veux savoir si tu es le genre d'homme qui vaut cher ou si tu es comme ces moins-que-rien, là-bas. Je veux savoir si toi, tu veux gagner 1,85$ par jour ou si tu te contentes comme eux des 1,15$.

- Si che feux kagner 1,85$ par chour ? Z'est za un homme qui faut cher ? Alors, oui, che faux cher.

- Oh, tu m'agaces. Bien sûr que tu veux 1,85$ par jour : c'est pour tout le monde pareil ! Mais tu sais très bien que ça, ça n'a rien à voir avec le fait de valoir cher. Pour l'amour de Dieu, réponds à ma question, et arrête de me faire perdre mon temps. Bon, viens par ici. Tu vois cette pile de fonte ?

- Oui.

- Tu vois ce wagon ?

- Oui.

- Eh bien, si tu vaux cher, demain, tu gagneras 1,85$ si tu transportes cette pile de fonte dans le wagon. Maintenant réveille-toi et réponds à ma question. Dis-moi si oui ou non tu vaux cher.

- Et che kagne 1,85$ si che porte la pile tans le fagon temain ?

- Oui, c'est ça, et tu touches 1,85$ jusqu'à la fin de l'année si tous les jours tu transportes cette pile. C'est ça, un homme qui vaut cher, et tu le sais tout autant que moi.

- Alors ça me fa. Che peux porter cette pile tans le fagon temain si c'est pour 1,85$, et ch'ai ça tous les chours, c'est ça ?

- Oui, c'est ça, c'est ça.

- Alors che suiz un homme qui faut cher.

- Très bien, mais nous sommes d'accord toi et moi qu'un homme de valeur comme toi doit faire exactement tout ce qu'on lui demande du matin au soir, n'est-ce pas ? Tu as déjà vu cet homme par ici, non ?

- Non, che ne l'ai chamais vu.

- Eh bien, puisque tu vaux cher, demain, tu feras tout ce que cet homme te dit de faire, du matin au soir. Lorsqu'il te dit de soulever la fonte et de marcher, tu soulèves la fonte et tu marches ; lorsqu'il te dit de t'asseoir pour te reposer, tu t'assois. Et tu fais ça toute la journée. Et pas d'insolence ! Un homme qui vaut cher, ça fait tout ce qu'on lui demande, et sans faire l'insolent. T'as compris ? Lorsque cet homme te dit de marcher, tu marches ; lorsqu'il te dit de t'asseoir, tu t'assois, sans poser de questions. Demain, avant la fin de la journée, je verrai si oui ou non tu vaux cher. »

Cette conversation semble pour le moins grossière. Et elle le serait effectivement s'il s'agissait d'un mécanicien fort instruit, ou d'un ouvrier intelligent. Mais avec un homme lent d'esprit comme Schmidt, elle est tout à fait appropriée et en aucun cas cruelle, puisqu'elle permet d'attirer son attention sur la promesse d'un meilleur salaire tout en le détournant de ce qu'il considérerait probablement comme un labeur tout à fait impossible s'il venait à y penser trop longuement.

Qu'aurait répondu Schmidt si nous lui avions parlé comme il est d'usage dans le système d'organisation « initiative-avantage » ? C'est-à-dire en lui disant, par exemple :

« Alors, Schmidt, vous êtes un sidérurgiste de première classe, et vous connaissez parfaitement votre métier. Jusqu'ici, vous avez porté en moyenne 12 tonnes et demi de fonte par jour. J'ai longuement étudié la question, et je suis certain que vous pourriez faire bien plus que ce que vous faites chaque jour. Vous ne pensez pas que si vous donniez le meilleur de vous-même, vous pourriez passer de 12 tonnes et demi à 47 ? »

Que répondrait Schmidt à cela ?

Schmidt commença donc à travailler, et tout au long de la journée, à intervalles réguliers, il recevait les ordres de l'homme qui le surveillait montre en main. « Maintenant, prends cette gueuse de fonte et marche. Assieds-toi et repose-toi. Marche, repose-toi, *etc.* ». Il travaillait lorsqu'on lui disait de travailler, se reposait lorsqu'on lui disait de se reposer, et à cinq heures et demi, il avait chargé 47 tonnes et demi de fonte dans le wagon. Et durant les trois ans que l'auteur a passé à Bethlehem, Schmidt n'a pratiquement jamais failli à sa tâche et a su maintenir ce rythme. En moyenne et tout au long de cette période, il a touché un peu plus de 1,85\$ par jour, alors qu'il n'avait jamais gagné plus de 1,15\$ auparavant, conformément au salaire fixe accordé par l'entreprise à cette époque. C'est-à-dire qu'il a perçu un salaire de 60 pour cent supérieur à celui des autres hommes qui ne travaillaient pas selon ce même système de tâches. L'un après l'autre, les ouvriers furent formés à porter 47 tonnes et demi de fonte à la journée et leurs salaires furent augmentés de 60 pour cent.

L'auteur a brièvement décrit ci-dessus trois des quatre catégories qui constituent l'essence de l'organisation scientifique du travail ; à savoir, premièrement, la sélection rationnelle des travailleurs ; deuxièmement et troisièmement, la méthode qui consiste d'abord à les inciter au travail, puis à les former et les assister pour œuvrer conformément à la méthode scientifique. Jusqu'à présent, rien n'a encore été dit au sujet de la science qui réside dans l'acte de manipuler la fonte. L'auteur est néanmoins persuadé qu'avant la fin de cet exemple, le lecteur sera tout à fait convaincu de l'existence de cette science dans la sidérurgie, et du fait qu'elle joue un tel rôle que l'homme le mieux adapté à transporter la fonte ne peut possiblement la comprendre, ou même travailler conformément aux lois de cette science, sans l'aide de ceux qui le dirigent.

L'auteur a intégré les ateliers de la Midvale Steel Company en 1878, suite à un apprentissage en tant que modeleur et mécanicien. C'était peu de temps après la fin de la longue période de dépression qui avait suivi la crise bancaire de mai 1873, et le commerce était si mal en point qu'il était presque impossible, pour les mécaniciens, de trouver du travail. C'est pour cette raison que l'auteur a été contraint de travailler comme ouvrier et non plus comme mécanicien. Heureusement pour lui, peu de temps après avoir rejoint l'atelier, le commis fut accusé de vol. Il n'y avait personne d'autre pour le remplacer, et donc, puisqu'il était plus instruit que les autres (ayant étudié pour rentrer à l'université), il bénéficia de la position de commis. Quelque temps plus tard, on le chargea de s'occuper de l'un des tours en tant que mécanicien. Comme il produisait davantage que les mécaniciens chargés de faire fonctionner les autres tours, il fut nommé chef d'équipe des tours en quelques mois à peine.

Dans cet atelier, le travail était effectué à la pièce depuis de nombreuses années. Comme il était alors d'usage à l'époque, et comme cela est d'ailleurs toujours le cas aujourd'hui dans la plupart des ateliers du pays, la manufacture était en fait gérée par les ouvriers, et non par la direction. Les travailleurs avaient décidé ensemble du temps que chaque exécution devait prendre, ainsi que du rythme des machines, limitant en fait la production à un tiers de ce qui pouvait être accompli dans une honnête journée de travail. Les ouvriers prenaient immédiatement à part chaque nouvel arrivant et lui disaient quelle quantité de travail il devait exécuter, et ce dernier était sûr de se faire chasser de l'atelier par les autres s'il ne respectait pas leurs instructions.

Dès que l'auteur a été nommé chef d'équipe, les hommes sont venus le voir un à un pour lui dire à peu près ces mots :

« Eh, Fred, on est content pour toi que tu sois devenu chef d'équipe. T'as été à notre place, et on sait qu'tu seras pas le genre de salaud à venir nous embêter sur le travail à la pièce. Si tu vas dans not' sens, y'aura pas de problème, mais si t'essaies de diminuer les tarifs, tu peux être sûr qu'on s'occupera de toi. »

L'auteur leur a tout simplement répondu qu'il travaillait désormais du côté de la direction, et qu'il ferait tout son possible pour que d'honnêtes objectifs soient fixés à la journée pour les tours. Cela déclencha immédiatement la guerre ; peut-être une guerre amicale dans la plupart des cas dans la mesure où les hommes qu'il dirigeait étaient ses amis, mais une guerre tout de même, qui au fur et à mesure se fit de plus en plus acharnée. L'auteur eut recours à tous les expédients possibles pour les inciter à faire d'honnêtes journées de travail : en congédiant ou diminuant les salaires des hommes les plus obstinés qui refusaient de fournir le moindre effort pour s'améliorer, en diminuant le salaire à la pièce, en embauchant de jeunes ouvriers étrangers au métier et en leur montrant lui-même le travail tout en les faisant promettre que dès qu'ils auraient appris, ils travailleraient le plus honnêtement possible. Cependant, les autres ouvriers continuaient de faire pression (dans les ateliers comme à l'extérieur) sur tous ceux qui commençaient à accroitre leur rendement, jusqu'à ce que ces derniers soient finalement contraints de réduire le rythme ou de démissionner. Tout étranger à cette expérience ne peut se représenter l'agressivité qui grandit progressivement dans une telle situation. Dans une guerre de ce genre, les hommes disposent souvent d'un expédient particulièrement efficace. Ils font preuve de leur ingéniosité pour inventer de multiples façons d'endommager leurs machines (au cours du travail, ou « par accident ») et rejettent la faute sur le contremaître qui les a forcés à utiliser les machines jusqu'à ce qu'elles cassent. Il y a en effet très peu de contremaîtres capables de résister à la pression exercée par tous les hommes de l'atelier.

L'auteur a cependant bénéficié de deux avantages qui ne sont ordinairement pas donnés aux contremaîtres ordinaires, liés, paradoxalement, au fait de ne pas être fils de contremaître.

Premièrement ; parce que ses parents n'appartenaient pas à la classe laborieuse, les responsables de l'entreprise ont pensé qu'il donnait plus d'importance au travail que les autres ouvriers, et se fiaient donc davantage à sa parole qu'à celle des mécaniciens qui travaillaient sous ses ordres. Ainsi, lorsque les mécaniciens reportèrent au directeur que les machines tombaient en panne à cause de l'incompétence d'un contremaître qui leur en demandait trop, le directeur crut l'auteur sur parole lorsqu'il lui expliqua que les ouvriers sabotaient les machines pour protester contre les nouveaux objectifs du travail à la pièce, et il autorisa également l'auteur à répondre comme il ne se peut répondre autrement à ce vandalisme ouvrier, en disant notamment : « Il n'y aura plus aucun accident avec les machines dans cet atelier. Si cela devait se reproduire, l'homme responsable de la machine en question devra payer au moins une partie de son coût de réparation, et les amendes ainsi collectées seront transmises à l'association mutuelle d'aide aux travailleurs malades ». Cela mit rapidement fin aux sabotages.

Deuxièmement. Si le travailleur avait fait partie de la communauté des ouvriers, et avait vécu parmi eux, ils auraient exercé une telle pression sur lui qu'il lui aurait été impossible de leur tenir tête. Chaque fois qu'il serait sorti de chez lui, il aurait été traité de « jaune », c'est-à-dire de briseur de grève, et de bien d'autres noms infects. Sa femme aurait été maltraitée, ses enfants lapidés. Certains de ses amis parmi les ouvriers l'ont prié une à deux fois de ne pas rentrer chez lui par le chemin solitaire de quatre kilomètres qui borde la voie ferrée. Ils lui ont dit que sa vie en dépendait. Dans tous les cas, cependant, faire preuve de timidité a tendance à accroitre les risques plutôt qu'à les amoindrir, et par conséquent l'auteur a répondu à ces hommes de transmettre à l'atelier qu'il envisageait justement de rentrer tous les soirs chez lui par ce chemin, qu'il n'avait et n'aurait sur lui aucune arme quelle qu'elle fût, et qu'ils pouvaient lui tirer dessus et aller se faire f—.

Après presque trois années passées à lutter de cette façon, le rendement par machine avait sensiblement augmenté, et dans de nombreux cas doublé, ce qui mena l'auteur à être promu d'un poste à l'autre, jusqu'à devenir chef d'atelier. Pour un homme sain d'esprit, cependant, cette ascension ne constitue en aucun cas une récompense, puisqu'elle l'oblige à maintenir des relations conflictuelles avec tous ceux qui l'entourent. La vie qui consiste en une lutte incessante avec autrui mérite à peine d'être vécue. Ses camarades venaient continuellement le voir pour lui demander, gentiment et affectueusement, s'il leur conseillait, dans leur intérêt, de travailler davantage. Et, en homme sincère, il leur répondait qu'à leur place, tout comme eux, il se battrait pour ne pas avoir à produire davantage, car le système du travail à la pièce ne leur permettrait jamais de toucher de meilleurs salaires, et ne les ferait que travailler plus durement.

Ainsi, peu de temps après avoir été promu contremaître, l'auteur décida de mobiliser tous ses efforts pour changer de quelque façon l'organisation du travail en vigueur, et faire en sorte que les intérêts des travailleurs et de la direction deviennent identiques, au lieu d'antagonistes. Cela donna naissance, trois ans plus tard, à l'organisation décrite dans les documents qui ont été présentés à the American Society of Mechanical Engineers sous les titres de « La Direction des Ateliers » et « Un système de salaires différentiels ».

Durant l'innovation de ce système, l'auteur comprit que le plus gros obstacle à l'atteinte de la coopération harmonieuse entre la direction et les ouvriers résidait dans le fait que la direction n'avait aucune idée de ce que pouvait être une journée raisonnable de travail pour les ouvriers. Il réalisa que, bien qu'étant contremaître, le savoir-faire et les connaissances des ouvriers qu'il dirigeait était certainement dix fois supérieurs aux siennes. Il obtint ainsi la permission de M. William Sellers, qui était à l'époque Président de la Midvale Steel Company, de dépenser un peu d'argent pour mener une étude minutieuse et scientifique des temps requis pour exécuter telle ou telle tâche.

M. Sellers donna plutôt son autorisation pour récompenser, d'une certaine manière, le succès de l'auteur en tant que contremaître à avoir obtenu davantage de travail de la part des hommes. Il lui confia d'ailleurs qu'il ne croyait pas qu'une étude scientifique de ce genre puisse donner des résultats dignes d'intérêt.

Parmi les nombreuses investigations conduites à cette époque, l'une d'entre elles tenta de définir une règle ou une loi, capable de déterminer à l'avance quelle quantité de travail (comprenant des charges lourdes) un homme adapté à son métier pouvait réaliser en un jour ; en étudiant les effets de la fatigue sur les travailleurs de première classe. La première étape consista à employer un jeune diplômé de l'université pour consulter tout ce qui avait pu être dit sur le sujet en anglais, en allemand et en français. Deux types d'expériences avaient été menés : la première, conduites par des physiologues, étudiait l'endurance de l'être humain, tandis que dans la deuxième, des ingénieurs cherchaient à déterminer la puissance de l'homme par rapport au cheval-vapeur[4]. Ces expériences avaient majoritairement été entreprises sur des hommes soulevant des charges au moyen d'une manivelle actionnant un treuil, auquel les poids se trouvaient suspendus, tandis que les autres devaient transporter les charges de diverses façons, puis marcher, ou courir. Cependant, les données de ces investigations étaient si pauvres, que l'on n'en put tirer aucune loi de valeur. Nous menâmes alors une série d'expérimentations de notre côté.

Nous sélectionnâmes deux travailleurs de première classe qui disposaient d'une bonne puissance physique et qui s'avéraient aussi être de bons travailleurs. Durant ces expérimentations, leur salaire fut doublé, et on leur demanda de travailler du mieux possible en continu, en leur disant que nous ferions certains tests de temps en temps, pour voir s'ils freinaient volontairement le travail, et que s'ils venaient à essayer de les tromper, ils seraient renvoyés. Ils travaillèrent du mieux possible tout le temps qu'ils furent observés.

Il est important de comprendre que dans ces expérimentations, nous ne tentions pas de connaître la quantité maximale de travail qu'un homme serait capable d'exécuter sur un temps très court ou sur quelques jours seulement, mais que nous cherchions à savoir ce qui constituait un objectif honnête pour la journée de travail d'un ouvrier de première classe, le maximum qu'il pouvait accomplir correctement en une journée, année après année, tout en continuant de s'épanouir et de prospérer. Ces hommes eurent à exécuter tout type de tâches, et ce chaque jour sous l'observation attentive du jeune universitaire chargé des expérimentations, qui, montre en main, mesurait les temps de chacun des mouvements des deux hommes. Tout élément ayant rapport d'une façon ou d'une autre au travail réalisé et étant selon nous à même d'impacter les résultats fut reporté et étudié soigneusement. À terme, nous espérions déterminer de quelle puissance l'homme disposait en cheval-vapeur, c'est-à-dire quelle quantité de travail, en pied-livre-force, un homme était capable d'effectuer en une journée.

Suite à ces expérimentations, nous fîmes la conversion en pied-livre-force du travail réalisé à la journée par chaque homme, et à notre grande surprise, nous constatâmes qu'il n'y avait aucun lien constant ou uniforme entre la puissance exercée par les hommes durant la journée et la fatigue ressentie. Lors de certaines tâches, l'ouvrier était fatigué après avoir mobilisé une puissance d'à peine un huitième de cheval-vapeur, tandis que dans d'autres, où il mobilisait la moitié d'un cheval-vapeur, il ne ressentait pas plus la fatigue.

Nous ne parvînmes donc pas à trouver une loi capable de déterminer avec précision la quantité de travail à réaliser à la journée par un ouvrier de première classe.

Nous avions obtenu une grande quantité de précieuses données, qui nous permettaient de savoir, pour de nombreuses tâches différentes, quelles quantités de travail pouvaient être effectuées par jour. Il n'était donc pas judicieux, à ce moment, de dépenser plus d'argent pour essayer de trouver la loi exacte que nous recherchions. Quelques années plus tard, lorsque nous avions quelque argent à investir dans ce but, une deuxième série d'expérimentations eut lieu, similaire à la première, si ce n'est qu'elle l'approfondit.

Cependant, cette deuxième série d'expériences, tout comme la première, permit l'obtention de données importantes, mais pas d'une loi. Quelques années plus tard encore, suivit une troisième série, où cette fois nous fîmes absolument tout ce qu'il était en notre pouvoir pour parvenir à nos fins. Chaque minuscule élément qui pouvait influencer notre problème fut minutieusement noté et étudié, et deux universitaires dédièrent trois mois de leur temps à la réalisation de ces expérimentations. Après avoir une nouvelle fois converti en pied-livre-force la puissance exercée par les hommes chaque jour, il devint tout à fait certain qu'il n'y avait aucun lien entre la puissance exercée par les hommes chaque jour et la fatigue ressentie par les travailleurs. L'auteur, néanmoins, était plus que jamais certain de l'existence d'une loi clairement définie permettant de déterminer la journée de travail d'un ouvrier de première classe, et les données avaient été collectées et archivées si précautionneusement qu'il était sûr qu'elles contenaient quelque part les éléments nécessaires à l'établissement de cette loi. La tâche de développer cette loi à partir des données accumulées fut transmise à M. Carl G. Barth, le meilleur mathématicien parmi nous, et nous décidâmes d'aborder le problème d'une nouvelle façon, en représentant dans un graphique, et sous la forme de courbes, chaque élément du travail, nous offrant ainsi vue d'ensemble des tâches. Rapidement, M. Barth découvrit la loi qui déterminait la fatigue de l'ouvrier de première classe face au dur labeur. Cette dernière est si simple qu'il est remarquable de ne l'avoir pas découverte et comprise déjà des années plus tôt. Examinons donc cette loi.

Cette loi ne s'applique qu'aux classes de travail où les ouvriers atteignent leurs limites parce qu'ils sont épuisés. C'est donc la loi des travaux pénibles, de ceux semblables à celui du cheval de trait. Presque tous les métiers de ce genre consistent à mobiliser les bras pour pousser ou porter de lourdes charges, c'est-à-dire que l'ouvrier exerce toute sa puissance en soulevant ou poussant quelque chose qu'il saisit dans les mains. Cette loi consiste à dire qu'à chaque poids qui s'exerce sur les bras de l'ouvrier en poussant ou levant, ce dernier ne peut passer qu'un certain pourcentage du temps de sa journée sous le poids en question. Par exemple, lorsqu'il s'agit de la manipulation de la fonte brute (chaque gueuse pesant 42 kilos), un travailleur de première classe ne pourra passer que 43% du temps sous la charge. 57% du temps, il devra être libre de tout fardeau. Au fur et à mesure que le poids de la charge diminue, le pourcentage de temps que l'homme peut passer à subir la charge augmente.

Ainsi, si les ouvriers ne transportent que des moitiés de gueuses de fonte de 21 kilos, ils pourront alors passer 58% du temps à porter, et ne devront se reposer que 42% du temps. La diminution du poids des charges signifie que les ouvriers peuvent travailler de plus en plus longtemps sans avoir à se reposer, jusqu'à ce que la charge soit si légère qu'ils puissent alors la transporter toute la journée sans jamais se fatiguer. Lorsque ce stade est atteint, cette loi cesse d'être utile à l'estimation de l'endurance des hommes, et une nouvelle loi doit être mobilisée pour indiquer les capacités à produire des ouvriers.

Lorsqu'un ouvrier porte une gueuse de fonte de 42 kilos, il se fatigue presque de la même façon qu'il marche ou qu'il reste immobile, puisque les muscles des bras subissent la même tension qu'il soit immobile ou en mouvement. Cependant, un homme restant immobile sous un poids n'exerce aucune puissance, d'où le fait qu'aucun lien ne pouvait être établi entre les pieds-livres-force exercés et la fatigue ressentie dans de nombreux travaux de charge. Il est également évident que dans tout travail de ce genre, il est nécessaire, à intervalles réguliers, que les bras de l'ouvrier soient tout à fait et entièrement dégagés, pour qu'il puisse pleinement se reposer. Tout le temps qu'il se trouve sous une charge, les tissus de ses muscles subissent un processus de dégradation, et de fréquents moments de repos sont nécessaires pour que le sang puisse restaurer ces tissus et leur faire retrouver un état normal.

Revenons désormais à nos manutentionnaires en fonte à la Bethlehem Steel Company. Si Schmidt s'était attelé à la pile de 47 tonnes de fonte sans l'assistance et les conseils d'un homme ayant la connaissance de la science (ou de l'art) de manipuler la fonte, il se serait probablement épuisé avant 11 heures à cause de son désir de toucher un meilleur salaire. Il aurait subi si longtemps les charges, que ses muscles n'auraient pas bénéficié des temps de repos nécessaires pour récupérer, et il aurait été tout à fait éreinté très tôt dans la journée. Mais grâce à cet homme capable de comprendre cette loi, qui a surveillé et guidé son travail jour après jour, jusqu'à ce qu'il ait l'habitude de se reposer aux bons moments, Schmidt a pu travailler à un rythme régulier toute la journée, sans se fatiguer outre mesure.

Il est essentiel que tout homme qui s'apprête à faire de la manipulation de la fonte son métier soit stupide et flegmatique, et adopte les dispositions intellectuelles du bœuf. L'homme alerte et intelligent est tout à fait inadapté à cette tâche qui, pour lui, ne consisterait qu'en la répétition monotone d'une exécution éreintante. Par conséquent, l'ouvrier le mieux adapté à la manipulation de la fonte brute est incapable de comprendre la science qui réside en ce type de travail. Il est si stupide que le mot « pourcentage » n'a aucun sens pour lui, et il doit ainsi être formé par un homme plus intelligent que lui pour réussir à travailler conformément aux lois de cette science.

L'auteur estime qu'il est désormais clair qu'une science sous-tend même le travail le plus élémentaire qui soit, et que lorsque l'homme le mieux adapté à cette classe de travail a été sélectionné, que la science qui régit l'exécution a été développée, et que l'homme en question a été formé conformément à cette science, les résultats obtenus sont alors considérablement supérieurs à ceux produits dans le système d'organisation « initiative-avantage ».

Revenons cependant une nouvelle fois à nos manutentionnaires, et voyons s'il n'aurait pas été possible d'obtenir presque les mêmes résultats dans un système ordinaire de l'organisation du travail.

L'auteur a demandé à de nombreux directeurs expérimentés s'ils pensaient être à même d'atteindre les 47 tonnes par homme et par jour dans un système de primes, de travail à la pièce, ou dans tout autre type ordinaire de l'organisation du travail, et pas un d'entre eux n'a estimé qu'il était possible de dépasser les 18 ou 25 tonnes. Nous rappelons qu'à Bethlehem, les ouvriers transportaient 12 tonnes et demi de fonte par jour.

[Note : Plusieurs personnes ont mis en doute le fait que les ouvriers de première classe étaient parvenus, en une journée, à charger 47 tonnes et demi de fonte brute dans le wagon. Voici donc, pour les sceptiques, les données relatives à ce fait :

Premièrement. Nos expérimentations indiquaient l'existence de la loi suivante : qu'un ouvrier de première classe, adapté à la manipulation de la fonte, pouvait passer 42% du temps à porter une charge, et devait être soulagé de tout poids 58% du temps.

Deuxièmement. Qu'un travailleur transportant la fonte du champ au wagon attenant devait pouvoir déplacer 47 tonnes et demi à la journée.

Que le salaire était de 3,9 cents par tonne, et que les hommes gagnaient donc en moyenne 1,85$ par jour, tandis que, par le passé, ils ne touchaient que 1,15$.

En plus de ces données, voici quelques chiffres supplémentaires :

Prenons 47 tonnes et demi de fonte brute par jour.

Une gueuse équivalant à 42 kilos, cela fait 1156

gueuses de fonte à déplacer par jour. 42 pour cent d'une journée équivaut à 600 minutes ; multiplié par 0,42 nous donne 252 minutes à passer sous le poids de la charge. 252 divisé par 1156 fait 0,22 minutes par gueuse.

En moyenne, il fallait 0,006 minutes aux ouvriers pour parcourir 30 centimètres. La distance qui séparait les piles de fonte du wagon était d'environ 10 mètres. Dans les faits, nombre d'entre eux se mettaient à courir avec leur charge dès qu'ils atteignaient la planche qui menait au wagon. La plupart courait également sur cette même planche après avoir déchargé leur gueuse. C'est-à-dire que pendant le chargement, beaucoup d'ouvriers allaient plus vite que ce qu'indiquent les chiffres ci-dessus. En général, les hommes recevaient l'ordre de s'asseoir et de se reposer toutes les dix ou vingt gueuses. Ce temps de repos s'ajoutait à celui du retour effectué du wagon à la pile de fonte. Il est probable que nombre d'entre ceux qui doutent de la possibilité de charger cette quantité de fonte ne tiennent pas compte du fait que les hommes revenaient du wagon en étant libéré de tout poids, et donc que leurs muscles avaient, durant ce temps, eu le temps de récupérer. Il est important de noter qu'avec cette distance approximative de 10 mètres entre la pile et le wagon, les hommes parcouraient chaque jour 13 kilomètres sous la charge, et 13 kilomètres à vide.

Si vous trouviez un intérêt à ces chiffres et veniez à les multiplier et les diviser entre eux, vous verriez que cela correspond parfaitement aux faits décrits.]

Détaillons néanmoins cela plus avant. Concernant la sélection rationnelle des hommes, il est vrai que parmi l'équipe des 75 ouvriers, une dizaine seulement était capable physiquement de porter 47 tonnes et demi par jour. Même avec les meilleures des intentions, les autres étaient physiquement incapables de travailler à un tel rythme. Mais cette petite dizaine d'hommes capable d'exécuter cette tâche n'était en rien supérieure aux autres hommes de l'équipe. Ces hommes disposaient en fait de la mentalité de type « bœuf » : en aucun cas un spécimen rare parmi les êtres humains. Il s'agissait en réalité d'hommes si stupides qu'ils étaient d'ailleurs inadaptés à la plupart des autres labeurs. Ainsi, le choix des hommes ne consiste pas à trouver quelque individu extraordinaire, mais plutôt à sélectionner, parmi des hommes particulièrement ordinaires, ceux qui correspondent le mieux à un certain type de travail. Bien que dans cette équipe particulière il n'y avait qu'une dizaine d'individus réellement adaptés à ce travail, nous n'éprouvâmes pas la moindre difficulté à nous pourvoir de tous les hommes dont nous avions besoin (parmi les hommes déjà présents, puis aux alentours) et qui étaient tout à fait adaptés à la tâche en question.

Dans le système d'organisation "initiative-avantage », la direction donne aux ouvriers la liberté d'organiser leur travail comme bon leur semble. Quelles seraient donc les probabilités que dans ce système, les travailleurs sélectionnent rationnellement parmi eux les mieux adaptés à la manipulation de la fonte brute ? Se débarrasseraient-ils vraisemblablement de sept hommes sur huit dans leur propre équipe ? Non ! Et rien ne pourrait les faire agir autrement et sélectionner rationnellement entre eux. Même s'ils prenaient conscience du rôle essentiel de la sélection rationnelle dans l'obtention de meilleurs salaires (et ils ne sont pas suffisamment intelligents pour le comprendre), ils ne pourraient opérer une sélection rationnelle à cause de la présence au sein du groupe de leurs amis ou de leurs frères, qui se trouveraient temporairement au chômage s'ils venaient à ne pas être parfaitement adaptés à la manipulation de la fonte brute.

Il en va de même pour ce qui est de la possibilité, dans le système ordinaire de l'organisation du travail, d'induire les manutentionnaires en fonte sélectionnés à travailler conformément à la science qui régit les travaux pénibles et détermine les moments de repos. Comme dit précédemment, l'idée fondamentale des systèmes d'organisation ordinaires consiste à considérer que chaque travailleur a développé plus de compétences dans son métier que toute personne de la direction, et que, par conséquent, le choix des méthodes de travail doit leur revenir. L'idée de former les ouvriers l'un après l'autre par le biais d'un homme compétent et de les habituer à de nouvelles méthodes de travail conformes à des lois scientifiques développées par un autre homme qu'eux est tout à fait antagoniste à cette vieille idée selon laquelle le travailleur est plus à même qu'un autre d'organiser son travail. En plus de cela, l'homme adapté à la manipulation de la fonte est trop stupide pour se former convenablement lui-même. Il est ainsi évident que dans les types ordinaires de l'organisation du travail, la substitution des méthodes approximatives par la science, la sélection rationnelle des hommes, et la mise en place d'un travail conforme aux principes scientifiques : tout cela est exclus. Cela est dû au fait que la philosophie de ces anciennes gestions consiste à confier aux travailleurs l'entièreté de la responsabilité de la production, tandis que dans les types de gestion plus modernes, elle consiste à laisser une grande part de la responsabilité à la direction.

La plupart des lecteurs éprouveront de l'empathie pour ces nombreux hommes licenciés. Mais cette empathie n'a pas lieu d'être, puisque tous furent employés à d'autres tâches au sein de la Bethlehem Steel Company. En effet, il faut aussi voir dans ce licenciement des hommes inadaptés au transport de la fonte un acte de bonté, puisque cela a permis de les diriger vers un travail auquel ils étaient bien mieux adaptés et auquel, après avoir été formés convenablement, ils pourront toucher de meilleurs salaires en toute légitimité et de façon permanente.

Si le lecteur est désormais convaincu de l'existence d'une science dans l'acte de porter la fonte brute, il est néanmoins probable qu'il émette toujours quelques réserves à propos de l'existence de cette science au sein d'autres métiers. L'un des objectifs fondamentaux de cet écrit est de convaincre les lecteurs que chaque exécution des travailleurs est sous-tendue par une science. Dans l'espoir d'en convaincre tout à fait le lecteur, l'auteur se propose de donner de nouveaux exemples très simples parmi les centaines qu'il a à sa disposition.

Nous pourrions par exemple nous demander s'il existe réellement une part de science dans le simple fait de pelleter. Pourtant, il ne fait aucun doute, si quelque lecteur intelligent entreprenait de chercher ce que l'on pourrait appeler le fondement de la science du pelletage, qu'après avoir dédié 15 ou 20 heures à réfléchir et à analyser il parviendrait avec succès à l'essence de cette science. D'autre part, les idées empiriques sont si dominantes, que l'auteur n'a jamais rencontré un contractuel ayant déjà envisagé l'idée qu'il puisse exister une chose telle que la science du pelletage. Cette science est si élémentaire qu'elle en est pour le moins évidente.

Il existe une pelletée spécifique permettant à un pelleteur de première classe de réaliser la meilleure journée de travail possible. Quelle est donc la charge idéale de cette pelletée ? Un pelleteur qualifié parviendra-t-il à produire davantage avec des pelletées de 2, 4, 6, 9, 11, 13 ou 18 kilos ? Cette question ne pourra trouver sa réponse que grâce à la conduite minutieuse de quelques expérimentations. Après avoir sélectionné deux ou trois pelleteurs de première classe, augmenté leur salaire en échange d'un travail fiable et sérieux, et testé diverses pelletées en faisant varier leur charge sous la tutelle d'hommes expérimentés, nous constatâmes que les pelleteurs qualifiés étaient plus productifs avec des pelletées d'environ 10 kilos. C'est-à-dire qu'à la journée, ils atteignaient un tonnage plus élevé avec des pelletées de 10 kilos qu'avec des pelletées de 11 ou 8 kilos. Il est néanmoins évident qu'aucun pelleteur ne peut parvenir à chaque fois à charger exactement 10 kilogrammes dans sa pelle, mais si ses pelletées varient de 1 ou 2 kilos et que la moyenne reste de 10 kilogrammes, alors il parviendra sans encombre à produire le meilleur rendement à la journée.

L'auteur ne dit pas qu'il s'agisse là de tout ce qui constitue la science du pelletage. Elle dépend de nombre d'autres éléments conjugués ensemble. Il souhaite néanmoins montrer les effets remarquables de l'intégration de ce seul élément scientifique au pelletage.

Au sein de la Bethlehem Steel Company, par exemple, suite à la découverte de cette loi, il devint nécessaire, au lieu d'autoriser les pelleteurs à utiliser chacun leur propre pelle, de mettre à disposition 8 à 10 types de pelles différentes, destinées chacune au pelletage de matériaux divers. Non seulement il s'agissait de permettre aux hommes de transporter en moyenne 10 kilos à chaque pelletée, mais aussi d'adapter les pelles à d'autres exigences, qui apparaissaient alors capitales une fois que le pelletage fut étudié comme une science. Une grande pièce dédiée au stockage des pelles fut construite, laquelle comprenait, en plus des pelles, des outils en tout genre standardisés et conçus avec soin, tels que des pioches, des pieds-de-biche, *etc*. Cela permit de donner à tous les ouvriers une pelle à la capacité de 10 kilos, quel que soit le matériau manipulé : un petite pour le pelletage du minerai, une grande pour les cendres. Le minerai de fer fait partie des matériaux lourds manipulés dans cette classe de travail, tandis que le charbon en grain[5], particulièrement glissant dans les pelles, est l'un des plus légers. En étudiant les méthodes approximatives et empiriques en vigueur dans la Bethlehem Steel Company, où chaque pelleteur possède sa propre pelle, nous vîmes que les ouvriers transportaient souvent des pelletées de minerai d'environ 13 kilos, qui passaient à moins de 2 kilos lorsqu'ils pelletaient le charbon à grain. Dans le premier cas, le pelleteur se trouvait si surchargé qu'il lui était impossible d'atteindre les objectifs à la journée, tandis que dans le deuxième, il l'était si peu qu'il n'aurait jamais pu espérer s'approcher des objectifs journaliers.

Pour illustrer brièvement quelques-uns des autres éléments constitutifs de la science du pelletage, des centaines d'expérimentations furent menées à l'aide de chronomètres pour étudier la vitesse à laquelle un ouvrier muni de la bonne pelle peut la remplir des matériaux de la pile et la retirer avec la bonne charge. Dans un premier temps, les expérimentations consistèrent à observer l'engouffrement de la pelle dans la pile. Ensuite, nous étudiâmes le pelletage sur différentes surfaces, à commencer par le sol terreux, puis sur du bois, et enfin sur un plan métallique. Une étude semblable fut également menée pour connaître le temps requis pour faire pivoter la pelle en arrière et déverser son contenu, sur un certain axe horizontal et à une certaine hauteur. Cette étude des temps d'exécution fut répétée avec des distances et hauteurs variées. Disposant de telles données et de la connaissance de la loi de l'endurance décrite avec l'exemple des manutentionnaires en fonte, il est évident que l'homme qui dirige les pelleteurs est à même de leur enseigner les méthodes exactes à employer pour utiliser au mieux leur force, et de leur assigner ensuite une série de tâches raisonnables à la journée, de façon à ce que chaque ouvrier ait la certitude de pouvoir toucher le bonus récompensant tout travailleur ayant respecté les objectifs assignés.

On dénombrait à cette époque environ 600 pelleteurs et travailleurs de cette classe dans la cour de la Bethlehem Steel Company. Ces hommes étaient disséminés dans cette cour d'environ trois kilomètres de long et un kilomètre de large. Pour que chaque ouvrier puisse recevoir le bon outil et les instructions adéquates à chaque journée de travail, il était nécessaire d'établir un système détaillé de gestion des hommes pour remplacer l'ancien, qui consistait à rassembler sous la tutelle de quelques contremaîtres de grands groupes ou équipes d'ouvriers. Comme tous les ouvriers rejoignaient le travail le matin, chacun trouvait dans un casier portant son numéro deux feuilles de papier, l'une spécifiant quels outils utiliser et où commencer le travail, et l'autre détaillant la journée de travail précédente, mentionnant notamment le travail accompli par l'ouvrier, le salaire obtenu, *etc*. Nombre d'entre ces travailleurs étaient étrangers et incapables de lire ou d'écrire, mais il leur suffisait de jeter un regard à cette deuxième feuille pour comprendre, puisqu'un papier de couleur jaune signifiait que l'ouvrier n'était pas parvenu à accomplir les objectifs fixés et n'avait donc pas touché 1,85\$. Or, seuls les hommes capables d'atteindre les objectifs pourraient rester dans l'équipe. Il était également écrit qu'il était à espérer que l'ouvrier parviendrait cette fois-ci à toucher un salaire supérieur. Lorsque les ouvriers recevaient des feuilles de couleur blanche, ils savaient que tout allait pour le mieux, et s'ils recevaient les jaunes, ils comprenaient qu'ils devaient faire mieux ou qu'ils seraient chargés d'une autre classe de travail.

La communication individuelle avec les ouvriers a mené à la construction d'un bureau de travail pour le directeur et les employés chargés de cette fonction. Dans ce bureau, les tâches de chaque ouvrier étaient planifiées à l'avance, et leurs positionnements dans la cour indiqués à l'aide de diagrammes ou de cartes, de la même façon que les pièces sont déplacées sur un plateau d'échec, grâce à l'installation d'un téléphone et d'un système de messagerie. De cette façon, une part importante du temps qui était autrefois perdu à cause de la concentration excessive d'hommes à un même endroit pendant qu'il en manquait ailleurs, et du temps d'attente entre les tâches, a pu être tout à fait éliminée. Dans l'ancien système d'organisation du travail, les ouvriers travaillaient jour après jour au sein de groupes bien plus conséquents, chacun sous la surveillance d'un unique contremaître, et ce groupe restait pratiquement le même qu'il y ait beaucoup ou peu à faire pour la tâche assignée, puisque chaque groupe devait être suffisamment large pour pouvoir exercer toutes les tâches qui pouvaient se présenter à lui.

Lorsque l'on renonce à considérer les ouvriers comme un groupe, et que l'on commence à les voir comme des individus, dans le cas où l'un d'eux échouerait dans ses tâches, un professeur qualifié doit être envoyé pour lui montrer comment exécuter au mieux son travail, pour le guider, l'assister et l'encourager, ainsi que pour étudier, dans le même temps, ses capacités en tant que travailleur. Ainsi, dans cette organisation qui individualise les travailleurs, les ouvriers bénéficient du temps et de l'aide dont ils ont besoin pour produire efficacement, ou sont guidés vers une autre classe de travail à laquelle ils sont mieux adaptés mentalement ou physiquement, au lieu d'être brutalement licenciés ou de voir leur salaire diminuer lorsqu'ils ne sont pas parvenus à bien faire dès le début.

Tout cela requiert la coopération de la direction, et demande l'établissement d'un système d'organisation du travail bien plus élaboré que celui qui consiste à rassembler les hommes au sein de larges groupes. Cette organisation élaborée consiste dans le cas étudié en un petit groupe d'hommes chargé de développer la science du travail par le biais de l'étude des temps d'exécution, comme décrit ci-dessus, ainsi qu'à un autre groupe restreint, comprenant des professeurs ayant eux-mêmes majoritairement été des travailleurs qualifiés, qui aident et guident les hommes dans leur travail. Un autre groupe d'hommes doit leur fournir les outils adaptés aux tâches et garder la pièce à outils en ordre, tandis qu'un dernier groupe d'employés doit se charger de planifier les tâches en avance, de placer les hommes au bon endroit en perdant le moins de temps possible, et de noter précisément le salaire touché chaque jour par les hommes, *etc*. Cela nous donne un exemple de ce que pourrait être la coopération entre la direction et les travailleurs.

La question qui se pose désormais est si une organisation de ce genre peut être rentable, et si elle ne devient pas trop complexe. Cette question trouvera sa réponse dans les résultats obtenus durant la troisième année d'activité de ce type de gestion.

	Ancien système de gestion	Nouveau système de gestion
Le nombre de travailleurs dans la cour est passé de...à...	400-600	140
Moyenne des tonnes transportées par homme et par jour	16	59
Salaire moyen par homme et par jour	1,15$	1,88$
Dépense de l'entreprise pour chaque tonne anglaise (1016 kg) transportée	0,072$	0,033$

Le coût de 0,033$ par tonne comprend les dépenses du bureau et de la pièce à outils, les salaires de tous les superintendants, des contremaîtres, des employés de bureau, des hommes chargés de chronométrer les exécutions, *etc*.

Cette année-là, le nouveau système d'organisation permit d'économiser 36 417,69$ par rapport à l'ancien, et six mois plus tard, lorsque la totalité des ouvriers de la cour travaillait selon le système des tâches, cette somme atteignit 75 000 à 80 000$ à l'année.

Les plus grandes améliorations étaient sans doute les effets de cette nouvelle organisation sur les travailleurs eux-mêmes. Une enquête sur la condition de ces 140 hommes révéla que seuls deux d'entre eux avaient des problèmes d'alcool. Cela ne veut pas dire, cependant, que les autres ne buvaient jamais. Mais le fait est qu'un buveur régulier aurait beaucoup de mal à suivre le rythme fixé, ce qui fait qu'ils étaient pratiquement tous sobres. Beaucoup, si ce n'est la plupart, mettaient de l'argent de côté, et tous vivaient dans de meilleures conditions qu'avant. Ces hommes formaient la meilleure équipe d'ouvriers sélectionnés jamais vue par l'auteur. Ceux-là considéraient les hommes qui les dirigeaient, c'est-à-dire la direction et les professeurs, comme leurs plus chers amis, et non comme des maîtres qui les forceraient à travailler toujours davantage sans leur accorder de meilleurs salaires, mais effectivement comme des amis, qui les aidaient et leur enseignaient comment toucher de meilleurs salaires.

Il aurait été tout à fait impossible de susciter le conflit entre ces ouvriers et la direction. Cela donne un exemple très simple mais particulièrement efficace de ce que signifient les deux objectifs principaux de l'organisation scientifique du travail, qui visent « la prospérité de l'employé, jointe à celle de l'employeur ». Il est évident que ce succès a été permis par la mise en application des quatre principes fondamentaux de l'organisation scientifique du travail.

Pour montrer à nouveau l'importance de mener une étude scientifique des motivations des travailleurs, nous aborderons le sujet de la perte de l'ambition et de l'initiative chez les travailleurs, qui advient lorsque les hommes sont rassemblés en de larges groupes au lieu d'être considérés comme des individus à part entière. Une étude minutieuse a démontré le fait que lorsque les hommes se retrouvaient en groupe, ils étaient bien moins efficaces que lorsque leur ambition personnelle était stimulée, et que leur productivité diminuait drastiquement jusqu'à adopter le rythme de l'homme le moins efficace de l'équipe. Les larges groupes font que les ouvriers se tirent vers le bas. Pour remédier à cela, la Bethlehem Steel Company donna l'ordre aux hommes de ne pas s'assembler à plus de quatre, à moins d'avoir une autorisation signée par le directeur général, qui expirait au bout d'une semaine. Il fut ainsi décidé que les ouvriers recevraient autant que possible des tâches à réaliser seul. Puisque l'établissement rassemblait quelques 5000 hommes, le directeur avait tant à faire qu'il n'avait que très peu de temps à accorder à la signature de ces autorisations spéciales.

Après avoir ainsi mis fin au travail de groupe, un relativement bon assortiment de pelleteurs de minerai avait été mobilisé, grâce à une sélection rationnelle ainsi qu'une formation individualisée et scientifique. Chaque pelleteur fut associé à un wagon qu'il devait chaque jour décharger, et le salaire obtenu dépendait de la part de travail effectuée. L'homme qui déchargeait la plus grande quantité de minerai percevait le meilleur salaire, montrant ainsi l'intérêt d'individualiser les travailleurs. Ce minerai provenait majoritairement de la région du Lac Supérieur et était livré à Pittsburgh et Bethlehem dans des wagons tout à fait similaires.

L'aciérie de Pittsburgh manquait de pelleteurs de minerai, et après avoir entendu parler de cette remarquable équipe de pelleteurs engagée à Bethlehem, un agent y fut envoyé pour embaucher quelques-uns de leurs hommes. À Pittsburgh, les hommes reçurent 3,60 cents par tonne du même minerai, avec les mêmes pelles, les mêmes wagons, que ceux de Bethlehem, qui versait 2,70 cents par tonne. Il avait été décidé, après avoir étudié la situation, qu'il n'était pas souhaitable de payer davantage que 2,70 cents par tonne dans la mesure où, à ce rythme, les pelleteurs percevaient un peu plus de 1,85$ par jour, ce qui dépassait de 60% le salaire dominant fixé à Bethlehem.

Une longue série d'expérimentations ainsi qu'une observation des plus méticuleuses démontra le fait que lorsque des ouvriers de ce calibre étaient chargés d'une tâche bien préparée, qui leur demandait une intense journée de travail, et leur promettait en retour un salaire supérieur de 60% à ce qu'ils touchaient d'habitude, cette hausse de salaire avait tendance à les rendre plus économes et meilleurs en tout point, puisqu'ils vivaient mieux, économisaient leur argent, arrêtaient de boire, et travaillaient plus sérieusement. Cependant, lorsque cette hausse de salaire était supérieure à 60 pour cent, beaucoup se mettaient alors à travailler de façon irrégulière, et devenaient relativement indolents, extravagants et dissipés. Nos observations montrèrent, en somme, qu'il n'était pas bénéfique à la plupart des hommes de s'enrichir trop vite.

Après avoir décidé, au vu de cela, de ne pas augmenter les salaires de nos pelleteurs de minerai, ils furent convoqués au bureau l'un après l'autre pour entendre à peu près ces mots :

« Eh bien, Patrick, tu nous as prouvé que tu étais le genre d'homme à valoir cher. Jusqu'ici tu es parvenu à toucher un peu plus de 1,85$ par jour, et tu es exactement l'homme qu'il nous faut dans l'équipe de pelleteurs. Un agent de Pittsburgh est passé, et propose 3,60 cents à la tonne, alors que nous ne la payons que 2,70 cents. Je crois donc qu'il vaudrait mieux pour toi que tu ailles le voir pour lui demander du boulot. Tu sais déjà que nous regrettons sincèrement ton départ, mais tu as prouvé ta valeur, et nous sommes ravis de savoir que tu gagneras mieux ta vie. Et n'oublie-pas, qu'à tout moment, si tu n'as plus de travail, tu peux revenir chez nous. Il y aura toujours de la place dans notre équipe pour un homme comme toi ».

Presque tous les pelleteurs de minerai suivirent notre conseil et se rendirent à Pittsburgh, mais au bout de six semaines, la plupart étaient de retour à Bethlehem pour pelleter le minerai, au tarif de 2,70 cents à la tonne.

L'auteur échangea ces mots avec l'un des hommes qui était revenu :

« - Patrick, qu'est-ce que tu fais ici ? Je pensais qu'on s'était débarrassé de toi.

- Eh bien, monsieur, laissez-moi vous raconter. Quand on est arrivé là-bas Jimmy et moi on nous a mis à un wagon avec huit autres gars. On a commencé à pelleter le minerai comme on le fait d'habitude. Au bout d'une demie heure, je remarque ce vieux lascar à côté de moi qui fait pas grand-chose, alors je lui dis, "Tu veux pas travailler ? Parce que si on décharge pas tout le minerai du wagon, on verra pas la couleur de la paye". Et il m'a regardé, et m'a dit : "Mais pour qui tu te prends, toi?"

- Bah, que j'ai dit, ça te regarde pas. Et le lascar se met face à moi et me dit, "Tu vas t'occuper de tes affaires, ou je te fiche hors du wagon !". Ah ça, j'aurais pu lui cracher à la figure ou le noyer, mais les autres ont posé leur pelle et m'ont regardé comme pour dire qu'ils le soutenaient, alors je suis allé voir Jimmy et je lui ai dit en faisant en sorte que tout le monde entende, "Maintenant, Jimmy, toi et moi on pellettera pas tant que ce gaillard pellettera pas". Alors on l'a bien regardé, et on ne pelletait que lorsqu'il pelletait. Quand le jour de paye est venu, évidemment, on a eu moins d'argent que ce qu'on avait à Bethlehem. Jimmy et moi on est allé voir le patron, et on lui a demandé un wagon pour nous tout seuls, le même qu'on avait à Bethlehem, mais il nous a dit de nous occuper de nos affaires. Et au jour de paye suivant, on a encore une fois touché moins qu'à Bethlehem, alors Jimmy et moi on est allé chercher les gars et on est tous revenus travailler ici. »

Lorsque les pelleteurs travaillaient chacun de leur côté, ils parvenaient à toucher de meilleurs salaires avec un tarif de 2,70 cents à la tonne que lorsqu'ils travaillaient en groupe à un tarif de 3,60 cents. Cela montre encore une fois les gains considérables de l'application des principes, mêmes les plus élémentaires, de l'organisation scientifique du travail. Mais cela démontre également qu'il est nécessaire, dans l'organisation scientifique, que la direction fasse sa part du travail et coopère avec les travailleurs. La direction de Pittsburgh savait comment les résultats avaient été atteints à Bethlehem, mais n'avait pas trouvé nécessaire de se donner la peine de planifier les tâches en avance, d'assigner un wagon à chaque pelleteur, de garder une trace du travail fourni par chaque individu, et de les payer conformément à ce qu'ils avaient réalisé.

La maçonnerie est l'un des plus vieux métiers du monde.

Pendant des centaines d'années, les outils et matériaux utilisés dans cette profession ont connu très peu d'améliorations (si ce n'est aucune), et il en va de même pour les méthodes qui guident l'art de poser des briques. En dépit des millions d'hommes qui ont exercé ce métier, aucune amélioration d'importance n'a eu lieu durant plusieurs générations. Ainsi, d'aucuns s'attendraient peut-être à ce que cette fois-ci l'analyse et l'étude scientifique ne rendent possible aucun gain. M. Frank B. Gilbreth, membre de notre groupe, et qui avait lui-même été maçon dans sa jeunesse, s'était intéressé aux principes de l'organisation scientifique du travail, et avait ainsi décidé de les appliquer à l'art de la maçonnerie. Il conduit une analyse et une étude tout à fait intéressantes de chaque mouvement exécuté par les ouvriers, et élimina l'un après l'autre tous les mouvements inutiles. Il observa tous les éléments infimes qui pouvaient affecter d'une manière ou d'une autre la vitesse et la fatigue des maçons.

Il détermina la position exacte des pieds du maçon par rapport au mur, l'emplacement du mortier et de la pile de briques, permettant ainsi à l'ouvrier de ne pas avoir à bouger pour s'emparer de ces dernières.

Il détermina la hauteur optimale du mortier et de la pile de briques, puis conçut un échafaudage muni d'une table, sur laquelle fut placé tout le matériel, de manière à maintenir la position idéale des briques, du mortier et du maçon par rapport au mur. Ces échafaudages sont réglables et peuvent donc s'ajuster à différents murs, évitant ainsi au maçon d'avoir à se baisser à chaque fois qu'il s'empare d'une brique ou se sert de sa truelle remplie de mortier. Imaginez ce gaspillage d'effort, perpétué durant toutes ces années, lorsque les maçons se baissaient, et portaient sur leurs deux pieds leur propre poids, disons, de 70 kilos, avant de se redresser et recommencer à chaque fois qu'une brique (pesant environ 2 kilogrammes) était posée sur le mur ! Et cela, les maçons le faisaient jusqu'à mille fois par jour.

Une étude plus approfondie instaura le fait qu'après avoir été déchargées des wagons et avant d'être apportées aux maçons, les briques seraient soigneusement rangées par un assistant et disposées avec leur plus beau côté visible sur une simple structure de bois, permettant à l'ouvrier de s'emparer des briques le plus rapidement possible sans avoir à les remettre dans le bon sens. De cette façon, le maçon n'a plus besoin de les retourner et de les examiner avant de les poser, ce qui lui fait économiser le temps qu'il aurait normalement pris pour juger du meilleur côté à exposer dans le mur. Il gagne aussi du temps dans la mesure où il n'a plus à dégager ses briques d'un tas désorganisé. Cette structure de bois soutenant les briques est placée par l'assistant à l'endroit le plus optimal, sur l'échafaudage réglable, à proximité du mortier.

Nous avons déjà tous été témoins des maçons tapotant plusieurs fois leur brique avec la poignée de leur truelle après l'avoir placée sur son lit de mortier, de façon à s'assurer que le joint ait la bonne épaisseur. M. Gilbreth s'aperçut qu'en chauffant le mortier à une certaine température, les briques pouvaient être immédiatement placées de la bonne façon avec une simple pression de la main qui venait de les poser. Il insista sur le fait que les ouvriers chargés du malaxage du mortier devaient être particulièrement attentifs à sa température pour pouvoir se passer de tapoter les briques et ainsi gagner du temps.

Grâce à cette étude minutieuse instituant des mouvements standardisés dans la pose des briques, M. Gilbreth parvint à passer de dix-huit à cinq mouvements par brique, et même à deux dans certains cas. Il a détaillé toute son analyse de la profession dans le chapitre « Étude des mouvements » de son œuvre *Le Système de la maçonnerie*, publiée par Myron C. Clerk Publishing Company, New York & Chicago ; E.F.N. Spon, of London.

Une analyse des outils utilisés par M. Gilbreth pour réduire le nombre de mouvements des maçons de dix-huit à cinq montre que cette amélioration a été permise par trois choses :

Premièrement. Il s'est tout à fait débarrassé de certains mouvements qui étaient auparavant considérés comme nécessaires par les maçons, mais qui après une étude et un jugement attentifs, se révélaient finalement inutiles.

Deuxièmement. Il a introduit dans la profession de nouveaux équipements très simples, tels que l'échafaudage réglable et la structure de bois pour ranger les briques, grâce à laquelle, par l'intermédiaire d'un assistant au faible coût, le maçon en finit avec nombre de mouvements fatigants et chronophages, qui sont pourtant nécessaires au maçon qui ne dispose pas d'un tel équipement.

Troisièmement. Il a appris à ses maçons à faire des gestes simples, à mobiliser les deux mains à la fois, contrairement à avant où ils exécutaient un mouvement avec la main droite et en faisaient un autre quelques secondes plus tard avec la main gauche.

Par exemple, M. Gilbreth a montré à ses maçons comment prendre une brique de la main gauche tout en s'emparant de sa truelle avec la main droite. Travailler ainsi les deux mains à la fois est évidemment rendu possible par la substitution des traditionnelles planches à mortier (sur lesquelles le mortier s'étale si finement qu'il fallait faire un pas ou deux pour l'atteindre) par des boîtes de gâchage, et par le rapprochement du mortier de la pile de briques, désormais à la bonne hauteur sur ce nouvel échafaudage.

Ces trois améliorations montrent parfaitement comment l'étude scientifique des temps et des mouvements d'exécution, appliquée à n'importe quel métier, peut éliminer tout à fait les mouvements inutiles et accélérer ceux qui étaient trop lents.

Cependant, un homme pragmatique (qui sait à quel point la quasi-totalité des ouvriers et artisans sont rétifs au changement de leurs méthodes et habitudes) éprouverait quelques doutes quant à la possibilité d'obtenir des résultats intéressants avec une telle étude. M. Gilbreth rapporte néanmoins qu'il y a quelques mois, dans un grand bâtiment de briques qu'il avait construit, il a démontré les gains considérables qu'il était possible d'obtenir dans l'industrie grâce à l'application de son étude scientifique. En embauchant des maçons syndiqués pour monter un mur d'usine de trente centimètres d'épaisseur, avec deux types de briques différentes et des joints chanfreinés de part et d'autre du mur, il atteignit en moyenne, après avoir formé ses hommes, la pose de 350 briques par maçon et par heure, tandis qu'avec les anciennes méthodes, la moyenne était de 120 briques par homme. Les contremaîtres enseignèrent cette nouvelle méthode aux maçons. Ceux qui ne parvenaient pas à tirer profit de ces enseignements étaient licenciés, et ceux qui parvenaient à être compétent avec cette nouvelle méthode recevaient un salaire bien plus important qu'avant. Pour individualiser et stimuler au mieux les ouvriers, M. Gilbreth développa également une autre méthode ingénieuse pour mesurer et garder une trace du nombre de briques posées par chacun, et pour leur dire à intervalles réguliers combien de briques ils avaient réussi à mettre.

Ce n'est qu'une fois que l'on compare ces conditions de travail à celles qui dominent dans certains syndicats tyranniques de maçonnerie que le gaspillage en termes d'effort humain devient tout à fait visible. Dans une ville étrangère, l'un de ces syndicats ordonna aux maçons de se limiter à 275 briques par jour lorsqu'ils travaillaient pour la ville, et à 375 lorsqu'ils œuvraient pour des particuliers. Les membres de ce syndicat sont très certainement de bonne foi lorsqu'ils pensent que la restriction du rendement est bénéfique à la profession. Mais ils devraient clairement voir que ce freinage volontaire est en fait presque criminel, puisqu'il entraîne inévitablement les familles des travailleurs à devoir payer davantage pour se loger, et provoque sur le long terme la disparition de la demande en maçons dans leur ville, au lieu de l'accroître.

Comment se fait-il, alors, que dans ce métier pratiqué bien avant Jésus-Christ, et dont les outils n'ont pratiquement pas changé aujourd'hui, cette simplification des mouvements du maçon ainsi que ces améliorations n'aient jamais été envisagées auparavant ?

Il est fort probable que durant tout ce temps, certains maçons aient pris conscience de leur côté de la possibilité d'éliminer les mouvements inutiles. Mais même si par le passé, l'un d'entre eux avait eu l'idée de chacune des améliorations de

M. Gilbreth, il n'aurait pu, à lui seul, être plus productif en appliquant ces méthodes, puisque dans tous les cas plusieurs maçons sont nécessaires à cette tâche, dans la mesure où les différentes parties du mur doivent s'élever à une même vitesse. Aucun maçon ne peut donc travailler plus vite que ses camarades. Aucun ouvrier ne dispose d'ailleurs de suffisamment d'autorité sur les autres pour les contraindre à coopérer avec lui pour réaliser plus rapidement le travail. Ce n'est que par la standardisation forcée des méthodes, l'obligation d'adopter les outils les plus adéquats et des conditions de travail spécifiques, et la mise en place d'une coopération imposée, que le travail pourra être exécuté le plus rapidement possible. Et il est du devoir de la direction d'imposer l'adoption de cette standardisation et l'établissement de la coopération. La direction doit constamment pourvoir chaque nouvel ouvrier d'un ou deux professeurs pour lui montrer comment simplifier ses mouvements, tandis que les hommes les plus lents doivent être observés en continu et assistés jusqu'à ce qu'ils parviennent à atteindre une vitesse raisonnable. Tous ceux qui, après avoir été ainsi formés, ne travaillent pas conformément à ces nouvelles méthodes et au nouveau rythme fixé, doivent être licenciés par la direction. Cette dernière doit également prendre conscience du fait que les travailleurs ne se soumettront pas à une standardisation rigide et n'accepteront pas de travailler plus dur à moins de recevoir quelque salaire supplémentaire en échange.

Tout ceci implique d'étudier et de considérer les hommes individuellement, et non de s'en occuper comme d'un grand groupe, comme cela était le cas par le passé.

La direction doit également faire en sorte que les assistants qui ordonnent les briques et installent le mortier et l'échafaudage coopèrent avec les maçons en faisant leur travail correctement et à temps, tout en informant les maçons de leur avancée à intervalles réguliers, de façon à ce qu'ils ne réduisent pas accidentellement leur vitesse d'exécution. Il devient ainsi clair que c'est parce que la direction assume de nouveaux devoirs jamais remplis par les employés par le passé que ces améliorations sont possibles, et que sans l'aide de la direction, même le travailleur disposant des meilleures intentions et de la connaissance de ces méthodes ne pourrait parvenir à de tels résultats.

La méthode de M. Gilbreth dans le cas de la maçonnerie offre un exemple simple de ce qu'est une vraie coopération efficace. Cette coopération n'est pas celle qui unit la masse des travailleurs à la direction ; mais plutôt celle qui naît de l'aide individuelle apportée par certains hommes de la direction (chacun à sa manière) à chaque ouvrier, en étudiant d'un côté leurs besoins et leurs défauts particuliers, en leur apprenant des méthodes plus rapides et plus efficaces, et, en faisant en sorte, de l'autre côté, que tous les autres travailleurs avec qui ils entrent en contact les aident et coopèrent avec eux en remplissant correctement et rapidement leur part du travail.

L'auteur a analysé de fond en comble la méthode de M. Gilbreth pour montrer que la hausse du rendement et l'harmonie entre la direction et les travailleurs n'auraient pu avoir lieu dans une organisation de type « initiative-avantage » (où la question des méthodes est laissée aux travailleurs seuls, conformément à la philosophie du passé), et que son succès est dû à la mise en application des quatre éléments qui constituent l'essence de l'organisation scientifique du travail.

Premièrement. Une science de la maçonnerie est développée (par la direction, et non par les travailleurs), avec des règles strictes codifiant les mouvements des ouvriers, et les outils sont standardisés et perfectionnés, de la même façon que les conditions de travail.

Deuxièmement. Des maçons de première classe sont soigneusement sélectionnés et formés, tandis que ceux qui ne parviennent pas à respecter les nouvelles méthodes de production sont licenciés.

Troisièmement. Une union s'opère entre les maçons de première classe et la science de la maçonnerie, grâce à l'aide et l'observation constante de la direction, ainsi qu'aux récompenses quotidiennes rétribuées aux travailleurs sous la forme de larges bonus lorsqu'ils ont effectué le travail rapidement et correctement.

Quatrièmement. Le travail et la responsabilité sont partagés de façon presque égale entre les ouvriers et la direction. À toute heure de la journée, la direction œuvre aux côtés des hommes, en les aidant, en les encourageant, en simplifiant pour eux le travail, tandis que par le passé elle se désolidarisait d'eux, n'accordait que très peu son aide, et leur donnait l'entière responsabilité du choix des méthodes, des outils, et du rythme à fixer.

Parmi ces quatre éléments, le premier (sur le développement de la science de la maçonnerie) est le plus intéressant et le plus spectaculaire. Les trois autres, cependant, restent tout autant nécessaires. Il ne faut pas oublier que tout ceci doit s'accompagner d'un chef optimiste, déterminé et diligent, capable de travailler, mais aussi d'être patient.

Dans la plupart des cas, mais surtout lorsque le travail en question est de nature complexe, le développement de la science est l'élément le plus fondamental de ces quatre principes de l'organisation scientifique du travail. Dans certaines situations, néanmoins, c'est la sélection rationnelle des travailleurs qui importe le plus.

Ce cas peut être illustré très simplement à travers l'exemple de cet étrange travail qui consiste à inspecter les billes de roulement de vélos.

Lorsque la mode du vélo était à son apogée il y a quelques années, plusieurs millions de billes de roulement en acier étaient utilisées tous les ans dans les roulements de moyeux de vélos. Parmi la vingtaine d'opérations nécessaires à la confection des billes, la plus importante était sans doute l'inspection qui suivait le polissage final pour se débarrasser de toutes les billes fissurées et imparfaites avant de les empaqueter.

L'auteur fut chargé de systématiser et d'organiser la plus grosse usine de billes de roulement du pays. Avant d'entreprendre cette réorganisation, l'entreprise travaillait depuis huit ou dix ans selon une organisation ordinaire du travail, avec des salaires à la journée. Les quelques cent-vingt filles chargées d'inspecter les billes étaient là depuis un moment, et étaient douées dans leur travail.

Il est impossible de passer rapidement du travail individuel et indépendant à la coopération rationnelle, même dans la profession la plus élémentaire.

Dans la plupart des cas, cependant, il est possible de réorganiser directement certaines conditions de travail médiocres, dont l'amélioration bénéficie alors à tous.

Dans le cas dont il est question, les inspectrices travaillaient dix heures et demi par jour, et bénéficiaient d'une demi-journée de libre le samedi.

Le travail consistait à aligner quelques billes d'acier polies sur le dos de la main gauche, entre deux doigts. Tandis qu'elles se déversaient en roulant sans arrêt, les filles les examinaient avec attention sous une lumière crue, et se débarrassaient des billes endommagées à l'aide d'un aimant qu'elles tenaient dans la main droite, avant de les jeter dans les boîtes dédiées à cet effet. Elles devaient détecter quatre types de défauts : les billes enfoncées, molles, rayées et fissurées ; et ces imperfections étaient si minuscules, qu'elles auraient été invisibles à d'autres yeux que ceux de ces travailleuses formées et expérimentées. Cette tâche requiert l'attention et la concentration la plus intense, contribuant grandement à la nervosité des inspectrices, en dépit de leur assise confortable et de toute absence de fatigue physique.

Une étude des plus simples montra qu'il était clair qu'une grande part des dix heures et demi supposément passée par les inspectrices à travailler était en fait surtout vouée à l'oisiveté, puisque la journée de travail était en fait beaucoup trop conséquente. Il semble tout à fait évident que les travailleuses devaient disposer d'« un temps pour travailler » et d'« un temps pour jouer », sans jamais mêler les deux.

Avant l'arrivée de M. Sanford E. Thompson, qui entreprit une étude scientifique du processus entier, nous décidâmes alors de réduire la journée de travail.

L'ancien contremaître qui s'était occupé des années durant de surveiller les inspectrices fut chargé de convoquer l'une après l'autre chacune des meilleures inspectrices et des filles les plus influentes pour les persuader du fait qu'elles pourraient exécuter en dix heures la même quantité de travail qu'elles réalisaient habituellement en dix heures et demi. On leur proposa de réduire leur journée de travail à dix heures tout en continuant de leur verser le même salaire que lorsqu'elles faisaient des journées de dix heures et demi.

En l'espace de deux semaines, le contremaître nous dit que toutes les filles étaient d'accord sur le fait qu'elles étaient capables d'exécuter le même travail en dix heures au lieu de dix heures et demi, et qu'elles acceptaient le changement d'horaires.

L'auteur n'étant pas spécialement connu pour son tact, il décida de mettre un peu plus en valeur cette qualité en proposant aux filles de voter concernant cette nouvelle proposition. Cette décision s'avéra finalement mauvaise, puisque les filles furent unanimes à dire que les journées de 10 heures et demi leur convenaient comme cela, et qu'elles ne désiraient aucun changement.

Les choses restèrent donc ainsi pendant un temps. Puis, quelques mois plus tard, l'auteur décida finalement de faire fi de son tact et les journées furent progressivement réduites de 10 heures à 9 heures et demi, puis à 8 heures et demi (sans diminuer les salaires), tout en augmentant les objectifs de rendement au lieu de les diminuer.

Le remplacement des vieilles méthodes de gestion par les méthodes scientifiques de l'organisation du travail fut effectué dans ce service sous la direction de M. Sanford E. Thompson, sans doute l'homme le plus expérimenté du pays dans les études

des temps et des mouvements d'exécution, et la supervision de M. H. L. Gantt.

Dans les services physiologiques de nos universités, des expérimentations sont régulièrement menées pour déterminer le « coefficient personnel » des individus. Il s'agit pour ce faire de mettre soudainement quelque objet, tel que la lettre A ou B, dans le champ de vision du sujet, qui devra, à l'instant où il reconnaît la lettre, faire le geste qui aura été préalablement défini, comme par exemple appuyer sur un bouton. Le temps qui s'écoule entre le moment où la lettre apparaît et où le sujet appuie sur le bouton est mesuré avec précision grâce à un subtil instrument scientifique.

Ce test montre qu'il y a de grandes différences de « coefficients personnels » entre les individus. Certains disposent naturellement d'une perception fine et inhabituellement prompte, assortie d'une capacité à réagir très rapidement. Le message passe presque immédiatement des yeux au cerveau, et le cerveau envoie presque aussi rapidement le message à la main.

Les hommes qui appartiennent à ce type disposent d'un « coefficient personnel » relativement bas, tandis que ceux dont la perception et la capacité à réagir sont lentes possèdent un haut « coefficient personnel ».

M. Thompson comprit très tôt que les inspectrices idéales disposaient de coefficients personnels bas. Bien évidemment, les autres qualités ordinaires que sont l'endurance et l'assiduité étaient également recherchées chez les employées.

Dans l'intérêt des inspectrices ainsi que de celui de la société, il fut nécessaire d'exclure les filles qui ne disposaient pas d'un bas « coefficient personnel ». Malheureusement, cela entraîna le licenciement de nombre des filles les plus intelligentes, travailleuses et dignes de confiance, pour la simple raison qu'elles ne possédaient pas une perception aigüe suivie d'une réaction rapide.

Tandis que la sélection progressive des filles était en cours, d'autres changements furent opérés.

Il était en effet essentiel de se prémunir du risque de la détérioration de la qualité, qui a tendance à survenir lorsque la paye de l'ouvrier dépend de la quantité de travail effectué, et que tous les efforts humains sont alors faits en vue d'accroître la production.

Ainsi, il est très souvent nécessaire de prendre des mesures bien définies pour s'assurer que la qualité ne se dégradera pas, avant même de tenter d'augmenter les quantités.

Le souci de la qualité était l'essence même du travail de ces filles, puisqu'elles étaient chargées de retirer toutes les billes imparfaites.

Par conséquent, la première étape consistait à empêcher tout manque de rigueur dans le travail. Nous instaurâmes ainsi un système de sur-inspection. Les quatre filles les plus dignes de confiance reçurent chaque jour un lot de billes à inspecter qui avait déjà été examiné la veille par une autre inspectrice, sans que le nom de cette dernière ne soit communiqué lors de la double inspection. En plus de cela, l'un des lots de billes examiné pour la deuxième fois par les quatre inspectrices était inspecté à nouveau le lendemain par l'inspectrice en chef, sélectionnée pour sa rigueur et son intégrité.

Un expédient relativement efficace fut mis en place pour contrôler l'honnêteté et la rigueur des sur-inspections. Tous les deux ou trois jours, un lot de billes était secrètement préparé par le contremaître, qui y plaçait un certain nombre de billes parfaites et de billes défectueuses en tout genre. Ni les inspectrices ni les sur-inspectrices n'avaient le moyen de distinguer ce lot des autres. De cette façon, toute tentation de bâcler le travail fut écartée.

Après s'être ainsi assurés que la qualité ne serait pas détériorée, nous adoptâmes immédiatement des mesures relativement efficaces pour accroître le rendement. Le travail à la va-vite fut éradiqué. Nous gardions une trace écrite du travail effectué chaque jour et de sa qualité, pour se prémunir contre tout préjudice personnel causé par le contremaître et assurer une impartialité et une justice absolue aux inspectrices. En relativement peu de temps, ce document permit au contremaître de stimuler l'ambition des inspectrices, en payant de meilleurs salaires à celles qui produisaient le plus et le mieux, tout en diminuant ceux de celles qui travaillaient avec nonchalance et en renvoyant celles qui se montraient irrémédiablement lentes et négligentes. Les gestes de chacune des filles furent observés, et une étude minutieuse des temps d'exécution fut conduite à l'aide d'un chronomètre pour déterminer le temps idéal que devait prendre une inspection, et établir les conditions exactes qui permettraient aux inspectrices de travailler le plus vite et le mieux possible, sans pour autant les surmener et courir le danger qu'elles se fatiguent à outrance. Cette étude dévoila que les filles passaient une grande partie de leur temps à ne travailler que partiellement, à discuter, ou à ne rien faire.

Même après que la journée fut passée de 10 heures et demi à 8 heures et demi, nous vîmes qu'au bout d'une heure et demi de travail consécutif, les filles commençaient à être tendues.

Il fallait qu'elles se reposent. Il est bon de s'arrêter avant d'atteindre l'épuisement, ainsi nous leur accordâmes une pause de dix minutes tous les cinq quarts d'heure. Durant ces temps de repos (deux le matin et deux l'après-midi), elles étaient forcées d'arrêter de travailler et encouragées à se lever et à s'occuper de tout à fait autre chose, en marchant, parlant, etc.

Il est un point sur lequel certains trouveront sans doute cruelle la façon de traiter ces inspectrices. Elles étaient placées très loin l'une de l'autre pour les empêcher de discuter en travaillant.

Néanmoins, réduire leurs horaires et instaurer les conditions de travail les plus favorables possibles leur permit de travailler avec régularité plutôt que de prétendre le faire.

Ce n'est que lorsque ce stade de la réorganisation est atteint, que les inspectrices ont été sélectionnées rationnellement, et que d'une part toutes les précautions ont été prises pour ne pas les éreinter, tandis que d'autre part, la tentation de négliger et de bâcler le travail a été éradiquée et les conditions de travail améliorées, que l'étape finale peut être abordée pour leur donner ce à quoi elles aspirent, c'est-à-dire de meilleurs salaires, et donner aux employeurs ce qu'ils recherchent, c'est-à-dire un rendement maximal et la plus grosse quantité de travail réalisable (qui signifie une baisse des coûts de la main d'œuvre).

Cette étape consiste à donner chaque jour aux ouvrières une tâche conçue de manière à ce qu'elle requière d'une travailleuse qualifiée une intense journée de travail, et à accorder de larges bonus ou primes à chaque fois que les travailleuses parviennent à réaliser cette tâche.

Cela fut ici fait en instaurant ce que l'on appelle le salaire différentiel[6].

Dans ce système, le salaire des inspectrices variait proportionnellement au rendement atteint par chacune, mais dépendait aussi et par-dessus tout de la qualité du travail effectué.

Comme nous le montrerons plus tard, la mise en place d'un tarif différentiel (en prenant les lots de billes examinés lors de la sur-inspection comme base de ce différentiel) entraîna une forte hausse de la quantité de travail effectuée ainsi qu'une nette amélioration de sa qualité.

Avant que les filles puissent produire au mieux et au maximum, il était nécessaire de calculer le rendement de chacune toutes les heures et d'envoyer un professeur à celles qui ne parvenaient pas à respecter les objectifs, pour étudier les raisons de cet échec, résoudre le problème, les encourager et les aider à rattraper le rythme.

Tous ceux qui s'intéressent particulièrement à la gestion des travailleurs apprécieront de savoir qu'il existe un principe général derrière tout cela.

Pour réussir à stimuler les ouvriers à faire de leur mieux, une récompense doit être accordée peu de temps après l'exécution du travail. La majorité des hommes est incapable de voir au-delà d'un mois, voire d'une semaine, et de travailler dur pour obtenir une récompense à la fin de cette période.

Pour que l'ouvrier moyen fournisse le meilleur travail possible, il doit pouvoir espérer une récompense à la fin de chaque journée et donc connaître au fur et à mesure les avancées de son travail. Lorsqu'il s'agit d'êtres plus élémentaires, tels que nos inspectrices de billes de roulement, ou d'enfants, par exemple, ils doivent recevoir des encouragements adéquats, sous la forme d'une attention personnalisée de la part des membres de la direction, ou d'une récompense tangible toutes les heures.

Cela est l'une des raisons principales de l'échec partiel des partages de bénéfices entre la direction et les employés, à travers la vente d'actions aux travailleurs ou de dividendes perçus à la fin de l'année, *etc.*, à stimuler les hommes à travailler dur. Ils préfèrent prendre leur temps et bénéficier en ce faisant du plaisir qu'ils sont sûrs d'avoir immédiatement, plutôt que de travailler dur pour pouvoir peut-être obtenir une récompense six mois plus tard. La deuxième cause de l'inefficacité des plans de partage des bénéfices est qu'aucune forme de coopération n'a encore été conçue de manière à ce que les individus puissent fixer librement leurs objectifs et nourrir leur ambition personnelle. L'ambition personnelle a toujours été, et restera, une plus forte incitation à l'effort physique que le désir de contribuer au bien-être du groupe. Les quelques fainéants qui traînassent au travail et prennent pourtant leur part des bénéfices comme les autres sont sûrs de tirer vers le bas les meilleurs hommes dans un tel système de coopération.

Les autres grandes difficultés des plans de partage résident dans la répartition équitable des bénéfices et dans le fait que tandis que les ouvriers sont prêts à partager les bénéfices, ils ne sont pas capables de partager les pertes. En outre, dans la plupart des cas, il ne serait pas juste que les ouvriers ne partagent que les bénéfices, ou que les pertes, puisque ces derniers ne sont que très peu sous le contrôle et l'influence des travailleurs, qui ne contribuent que faiblement à ces phénomènes.

Pour en revenir aux inspectrices, l'issue finale de tous ces changements fut que trente-cinq filles suffisaient désormais à faire le travail des 120 employées qu'il fallait auparavant, et que l'exactitude de ce travail effectué à une vitesse supérieure était bien meilleure que celle permise par l'ancien rythme de travail.

Les avantages que cela conféra aux ouvrières étaient les suivants :

Premièrement. Elles touchaient désormais des salaires supérieurs de 80 à 100%.

Deuxièmement. Leurs journées de travail étaient désormais de 8 heures et demi par jour avec une demi-journée de libre le samedi, au lieu de l'ancienne journée de 10 heures et demi. Elles bénéficiaient également de quatre pauses au cours de la journée, mettant fin à tout risque de surmenage.

Troisièmement. Chacune des filles reçut l'attention et les soins particuliers de la direction, ainsi que l'aide de professeurs en cas de besoin.

Quatrièmement. Toutes les inspectrices disposaient de deux jours de congés payés consécutifs par mois, à poser quand elles le souhaitaient. Je crois qu'elles reçurent effectivement ce privilège, bien que je n'en sois pas certain.

Les avantages que cela conféra à la société étaient les suivants :

Premièrement. La qualité des produits connut une nette amélioration.

Deuxièmement. Les coûts de l'inspection furent réduits, en dépit des nouvelles dépenses entraînées par l'embauche d'employés de bureau, de professeurs, par la conduite de l'étude des temps d'exécution, la mise en place d'une sur-inspection, et la hausse des salaires des inspectrices.

Troisièmement. Il s'était développé des relations désormais tout à fait amicales et sincères entre la direction et les employés, mettant fin à de nombreux troubles ainsi qu'au risque de grève.

Ces résultats furent permis par de nombreuses réorganisations qui rendirent les conditions de travail plus favorables. Il est néanmoins important de noter que l'élément qui contribua le plus à cette réussite fut la sélection rationnelle des ouvrières qui disposaient d'une perception fine, et le remplacement de celles qui possédaient un coefficient personnel élevé par celles au coefficient personnel bas.

Les exemples choisis dans cet écrit ont été volontairement restreints aux classes de travail les plus élémentaires, de façon à ce qu'un doute persiste quant au bienfait d'instaurer une telle coopération dans les professions plus complexes et intelligentes, comme par exemple dans celles où les hommes sont davantage capables de généraliser, et donc probablement plus à même de choisir les méthodes les plus adéquates. Les exemples suivants démontreront le fait que dans les professions plus complexes, les lois scientifiques qui les sous-tendent sont si sophistiquées qu'un mécanicien de première classe, encore plus que la main d'œuvre à bas coût, a besoin de cette coopération avec des hommes mieux éduqués que lui pour établir ces lois, puis pour sélectionner et former les hommes à travailler conformément à celles-ci. Ces exemples devraient pouvoir expliciter notre proposition originale, qui affirme que dans la quasi-totalité des arts mécaniques, le rôle de la science qui sous-tend les actes des ouvriers est si considérable que le travailleur le mieux adapté à la réalisation de cette tâche est pratiquement incapable, à cause de son manque d'éducation ou de ses capacités intellectuelles, de comprendre cette science.

Ainsi, peut-être subsiste-t-il un doute dans les esprits de nombre de lecteurs quant à la possibilité (dans le cas d'un établissement qui fabriquerait la même machine, année après année, en grande quantité, et dans laquelle, donc, chaque mécanicien répéterait la même série d'opérations encore et encore) d'obtenir sans l'étude et la réorganisation scientifique du travail une même hausse de la productivité à partir de la seule ingéniosité des hommes et de l'assistance accordée de temps en temps par le contremaître.

Il y a quelques années, une société employant trois cent hommes et ayant passé les dix à quinze dernières années à fabriquer la même machine nous demanda si l'introduction de l'organisation scientifique dans leur usine pouvait augmenter leurs gains. Depuis plusieurs années, leurs ateliers étaient sous la direction d'un bon superintendant et disposaient d'excellents contremaîtres et ouvriers, qui œuvraient selon un système de travail à la pièce. L'établissement dans son ensemble était sans aucun doute en meilleur état que la plupart des ateliers mécaniques du pays. Le directeur fut clairement mécontent lorsque nous lui dîmes qu'avec le même nombre d'hommes et de machines, l'adoption d'un système de travail à la tâche lui permettrait au moins de doubler son rendement actuel. Il nous répondit que de tels propos n'étaient que vantardise et mensonge, et au lieu de lui inspirer confiance, cela l'écœurait profondément que quiconque puisse soutenir une telle impudence. Cependant, il accepta volontiers de répondre à notre demande et de sélectionner une machine dont il considérait le rendement représentatif de la moyenne de ses ateliers, pour que nous puissions alors lui démontrer la possibilité de doubler ce rendement avec la mise en application des principes scientifiques de l'organisation du travail.

La machine sélectionnée par ses soins correspondait bien à la moyenne de l'atelier. Depuis dix ou douze ans, elle était sous la direction d'un mécanicien de première classe dont les compétences dépassaient légèrement celles du travailleur moyen dans l'établissement. Dans un atelier de ce type, où les mêmes machines sont fabriquées encore et encore, le travail est nécessairement subdivisé, de façon à ce que les hommes ne réalisent que relativement peu de pièces à l'année. Une étude fut donc conduite, en présence des deux parties, pour connaître les temps réels nécessaires à la réalisation de chacune des pièces.

La vitesse de coupe[7], le temps total requis par un ouvrier pour confectionner les pièces, ainsi que le temps que prenaient l'installation et le rangement du matériel, étaient notés et archivés. Après s'être ainsi fait une idée de ce que pouvait être une honnête journée de travail dans l'atelier, nous appliquâmes à cette machine les principes scientifiques de l'organisation du travail.

Au moyen de quatre règles à calcul spécialement conçues dans le but de déterminer les capacités des machines de découpe de métaux, une analyse minutieuse fut conduite de chacun des éléments de cette machine en lien avec le travail en cours. Sa puissance de traction et sa vitesse de coupe furent déterminées à l'aide des règles à calcul, permettant ainsi d'opérer les changements nécessaires sur les arbres de transmission et les poulies motrices pour les utiliser aux vitesses optimales. Des outils parfaitement ergonomiques et en acier rapide furent confectionnés et aiguisés. (Il faut noter que dans le cas en question, l'acier rapide qui avait été utilisé jusqu'à présent dans l'atelier l'était également dans notre démonstration.) Une grande règle à calcul fut spécialement fabriquée pour déterminer avec précision à quelle vitesse de coupe devaient être exécutées les différentes tâches dans un tour pour prendre le moins de temps possible. Suite à ces préparations permettant aux ouvriers de travailler conformément à cette nouvelle méthode scientifique, les pièces furent fabriquées l'une après l'autre dans le tour, de la même façon que durant nos tests préliminaires, et le temps requis pour la fabrication d'une machine était de deux à neuf fois moindre qu'avant.

Néanmoins, le remplacement de la gestion empirique par l'organisation scientifique du travail ne consiste pas seulement à étudier les temps d'exécutions et à adapter les outils et les équipements de l'atelier, mais aussi à transformer l'état d'esprit des travailleurs à propos de leur travail et de leurs employeurs. Les améliorations tangibles des machines, qui sont nécessaires à l'obtention de meilleurs gains, et les études des temps et des mouvements peuvent être exécutées relativement vite. Mais changer l'état d'esprit et les habitudes de trois cent ouvriers demande beaucoup plus de temps ainsi que de nombreux exemples pratiques pour parvenir à démontrer à chaque homme les avantages qu'il tirera du fait de coopérer chaque jour avec les membres de la direction. En l'espace de trois ans, cependant, dans cet atelier, le rendement par homme et par machine avait plus que doublé. Les ouvriers avaient été soigneusement sélectionnés. Ils provenaient le plus souvent de classes de travail inférieures et étaient donc promus. Ils étaient ensuite été si bien formés par les professeurs (c'est-à-dire les contremaîtres fonctionnels) qu'ils parvenaient à toucher de meilleurs salaires qu'avant. En moyenne, l'augmentation des salaires par homme et par jour était de 35 cents, tandis que dans le même temps, le paiement des salaires par rapport au travail effectué représentait pour l'entreprise moins de dépenses qu'auparavant. Pour permettre ainsi cette accélération des temps d'exécution, il était évidemment nécessaire de remplacer les anciennes méthodes empiriques par des techniques manuelles plus rapides, ainsi que d'analyser ce travail manuel effectué par chacun des ouvriers. (Par travail manuel nous entendons tout travail qui dépende de la dextérité et de l'habileté de l'ouvrier, et qui ne nécessite pas de machine-outil). Le temps gagné par le travail manuel scientifique était dans de nombreux cas plus conséquent que celui économisé par les machines.

Il semble essentiel d'expliquer de fond en comble pourquoi, à l'aide des règles à calcul et de l'étude de l'art de couper les métaux, il était possible à l'homme de science, même sans avoir jamais vu ces métiers spécifiques au préalable ou travaillé avec l'une de ces machines, d'exécuter le travail deux à neuf plus vite qu'un bon mécanicien qui a passé ses journées entières pendant dix à douze ans à faire ce même travail sur cette même machine. En somme, la raison en est que l'art de couper les métaux requiert une véritable science qui est en fait si complexe qu'il est impossible à tout machiniste qui travaille dans un tour année après année de la comprendre ou d'œuvrer conformément à ces lois sans l'aide de ceux qui ont fait de cette science leur spécialité. Les hommes qui sont étrangers au fonctionnement des ateliers sont plus enclins à considérer la fabrication de chaque pièce comme une problématique particulière, détachée de tout autre type de travail à la machine.

Ils sont capables de voir, par exemple, que les problématiques liées à la confection des pièces d'un moteur demandent une étude particulière (qui pourrait sans doute durer une vie entière) des façons de faire d'un ensemble de mécaniciens chargés de la fabrication des moteurs, et que ces problématiques sont tout à fait différentes de celles que l'on rencontrerait avec la fabrication des pièces d'un tour ou d'une raboteuse. Dans les faits, cependant, l'étude de ces éléments propres aux pièces des moteur ou des tours est tout à fait insignifiante comparée à l'étude de l'art et de la science de couper les métaux, puisque c'est de la connaissance de cette loi que dépend la possibilité d'accélérer le travail de tout type de machine.

Le cœur du problème est de savoir comment se débarrasser rapidement des éclats occasionnés par le coulage ou le forgeage et comment rendre une pièce lisse et précise le plus rapidement possible, et peu importe donc qu'il s'agisse d'une pièce d'une presse typographique, d'un moteur de bateau, ou d'une automobile. C'est donc pour cette raison que l'homme à la règle à calcul, qui connaît la science de la découpe de métaux sans avoir jamais été témoin de ce métier particulier, fut tout à fait capable de surpasser le mécanicien spécialisé qui avait fait des pièces de cette machine sa spécialité depuis des années.

Il est vrai que dès qu'un homme intelligent et éduqué découvre que la possibilité du progrès dans les arts mécaniques repose sur lui et non sur les ouvriers de cette profession, il décide presque toujours d'emprunter le chemin menant au développement d'une science, là où par le passé il n'existait qu'un savoir-faire et des méthodes empiriques. Lorsque de tels hommes, à qui l'éducation a donné l'habitude de généraliser et de chercher partout l'existence de lois, se retrouvent confrontés à une multitude de problématiques, telles qu'il en existe dans tous les métiers et qui présentent des ressemblances communes, il est inévitable qu'ils tentent de rassembler ces problèmes selon des groupes logiques et cherchent à déterminer quelque lois et règles générales pour les mener à leur résolution. Comme précédemment démontré, les principes sous-jacents du système de gestion « initiative-avantage », c'est-à-dire la philosophie sous-jacente de cette gestion, laissent nécessairement la résolution de ces problèmes aux mains de chaque travailleur particulier, tandis que la philosophie de la gestion scientifique du travail consiste à placer la résolution de ces problématiques entre les mains de la direction. L'ouvrier passe cependant l'entièreté de son temps chaque jour à œuvrer avec son corps, par conséquent, même s'il disposait de l'éducation nécessaire et de l'habitude de généraliser sa pensée, il n'aurait pas le temps ni l'opportunité de développer ces lois, dans la mesure où une simple étude des temps d'exécution requiert la coopération de deux hommes, l'un pour réaliser le travail et l'autre pour le chronométrer. Même si un travailleur parvenait à déterminer ces lois scientifiques là où prévalent les méthodes empiriques, il finirait presque toujours, dans son intérêt personnel, par garder ses découvertes secrètes, pour pouvoir être le seul à produire davantage et ainsi toucher de meilleurs salaires.

En revanche, dans l'organisation scientifique du travail, il est du devoir de la direction non seulement de développer des lois pour remplacer les méthodes empiriques et peu rigoureuses, mais aussi d'enseigner objectivement à tous les travailleurs comment travailler plus rapidement. Les résultats qui en découlent sont si impressionnants que n'importe quelle entreprise peut se permettre de payer les études de temps et les expérimentations nécessaires au développement de ces lois. Ainsi, dans une gestion de type scientifique, il est certain que tôt ou tard, la connaissance et les méthodes scientifiques remplaceront partout les méthodes empiriques, tandis que dans l'ancien type de gestion, il est impossible de travailler conformément aux lois de la science. Le développement de la science du découpage de métaux est un bon exemple de ce fait. À l'automne 1880, à l'époque durant laquelle l'auteur commença à mener les expérimentations mentionnées ci-dessus pour déterminer quelle pourrait être une honnête journée de travail pour un ouvrier, il obtint l'autorisation de M. William Sellers, alors directeur de la Midvale Steel Company, de mener une série d'expérimentations pour savoir quels angles et quelles formes devaient avoir les outils pour couper au mieux l'acier, ainsi que pour déterminer la vitesse de coupe idéale de ce même matériau. À l'époque où il commença ces expérimentations, l'auteur pensait qu'elles ne dureraient pas plus de six mois, mais s'il avait su qu'elles prendraient plus de temps et avait averti M. Sellers, il n'aurait jamais reçu l'autorisation de dépenser une telle somme dans ces expériences.

La première machine utilisée pour ces expérimentations était une aléseuse-fraiseuse horizontale d'un diamètre de 168cm, ainsi que des pneumatiques de locomotive en acier au carbone, qui jour après jour étaient réduits en petits morceaux pour déterminer les matériaux, la forme et l'usage optimaux des outils de découpe, de manière à être le plus efficace possible. Au bout de six mois de temps, nous avions obtenu suffisamment d'informations pratiques pour amortir le coût des matériaux et des salaires qui avait été dépensés pour mener les expérimentations. Le peu d'expérimentations qui avaient été faites (par rapport aux gains permis) servit surtout à indiquer clairement que les connaissances acquises ne représentaient qu'une part infime de ce qu'il nous restait à connaître et qui nous était absolument essentiel dans notre quête pour guider et aider les machinistes dans leur tâche.

Les expérimentations furent donc poursuivies, avec quelques interruptions au cours de cette période de 26 années, pendant laquelle dix machines expérimentales différentes furent mises en place spécialement pour cette tâche. Environ 30 000 à 50 000 expériences furent archivées, et bien d'autres encore eurent lieu, sans que leurs données ne soient gardées. Durant ces expériences, plus de 300 tonnes d'acier et de fer furent découpées avec les outils expérimentaux, et l'on estime le coût de ces expérimentations entre 150 000 et 200 000$.

Un tel travail suscite vivement l'intérêt de ceux qui affectionnent les recherches scientifiques. Il est cependant important de noter que la force motrice de ces expérimentations ainsi que la raison de l'argent investi dans leur conduite n'était en rien la quête de quelque savoir scientifique abstrait, mais bien le fait qu'il nous manquait des informations cruciales pour aider nos machinistes jour après jour à travailler le mieux et le plus rapidement possible.

Toutes ces expérimentations visaient à nous aider à répondre aux deux questions qui s'imposent à tous les machinistes dès qu'ils sont sur le point de se servir d'une machine pour découper des métaux, telle qu'un tour, une raboteuse, une perceuse à colonne, ou une fraiseuse. Ces deux questions sont les suivantes :

Pour exécuter le travail le plus rapidement possible :

Quelle vitesse de coupe adopter à la machine ?

Et quelle vitesse d'avance ?[8]

Ces questions paraissent si simples qu'il ne semble pas utile de faire appel à un autre que le mécanicien pour y répondre. Dans les faits, cependant, les 26 années d'études nous révélèrent que la réponse à ces questions demandait toujours la résolution d'un problème de mathématiques des plus complexes, qui consiste à déterminer les effets de douze variables indépendantes.

Chacune des douze variables suivantes influence fortement la réponse à ces deux questions. Les chiffres donnés avec chaque variable représentent l'effet de cet élément sur la vitesse de coupe.

Par exemple, après la première variable (A) est ainsi écrit :

« La proportion est de 1 pour l'acier trempé ou la grenaille de fonte, et de 100 pour l'acier doux et à très faible teneur en carbone ». Cela signifie que l'acier doux peut être découpé à une vitesse 100 fois plus grande que l'acier trempé ou la grenaille de fonte. Les ratios ainsi donnés à la suite de chaque élément indiquent le large éventail d'options adoptées par les machinistes appelés à juger de la meilleure vitesse à adopter pour les machines ainsi que de la vitesse d'avance adéquate.

A. La qualité de métal à couper, c'est-à-dire sa dureté ou autres caractéristiques ayant une influence sur la vitesse de coupe. La proportion est de 1 pour l'acier trempé ou la grenaille de fonte, et de 100 pour l'acier doux et à très faible teneur en carbone.

A. La composition chimique de l'acier qui constitue l'outil ainsi que le traitement thermique de ce dernier. La proportion est de 1 pour les outils en acier trempé à teneur en carbone modérée, et de 7 pour les outils en acier rapide.

A. L'épaisseur des copeaux ou des éclats de métal à retirer avec l'outil. La proportion est de 1 pour un copeau de 5mm sur une surface de 2,50cm, et de 3,5 pour un copeau de 0,3mm.

A. La forme de la pointe de l'outil. La proportion est de 1 pour les outils à pointe très fine (de la taille d'un fil) et de 6 pour les plus gros outils de coupe.

A. Si un liquide de refroidissement est utilisé avec l'outil. La proportion est de 1 pour un outil qui ne nécessite pas de liquide, et de 1,41 pour un outil requérant une dose importante de liquide de refroidissement.

A. La profondeur de la découpe. La proportion est de 1 pour une découpe profonde de 13mm, et de 1,36 pour une découpe de 3mm.

A. La durée de la découpe, c'est-à-dire le temps que peut passer un outil sous pression avant de devoir être aiguisé à nouveau. La proportion est de 1 pour un outil qui doit être aiguisé toutes les heures et demi, et de 1,20 pour un outil qui doit être aiguisé toutes les 20 minutes.

A. Les angles de tranchant et de dépouille de l'outil. La proportion est de 1 pour un angle de tranchant de 68°, et de 1,023 pour un angle de 61°.

A. L'élasticité de l'ouvrage et la tendance de l'outil à se mettre à brouter. La proportion est de 1 pour un outil qui vibre, et de 1,15 pour un outil fonctionnant sans à-coups.

A. Le diamètre du coulage ou du forgeage présentement découpé.

A. La pression des copeaux ou des éclats sur la surface de coupe de l'outil.

A. La puissance de traction et les variations de la vitesse de coupe de la machine.

Il peut sembler grotesque à nombre de lecteurs que 26 années aient été nécessaires à l'investigation des effets de ces douze variables sur la vitesse de découpe des métaux. Ceux qui ont néanmoins déjà été expérimentateurs par le passé comprendront que la plus grande difficulté résidait dans le fait que le problème possède énormément d'éléments variables. Et en vérité, beaucoup de temps fut perdu à cause de la difficulté de garder onze variables constantes et uniformes au cours des expériences, pendant que les effets de la douzième variable étaient observés. Maintenir constants ces onze éléments était bien plus difficile que d'étudier le douzième.

Tandis que les effets de chacune de ces variables sur la vitesse de coupe

étaient observés l'un après l'autre dans le but de pouvoir utiliser ensuite ce savoir dans la pratique, il était nécessaire de trouver une formule mathématique qui puisse exprimer de façon concise les lois obtenues. Voici ces trois formules :

$$P = 45{,}000\, D^{14/15}\, F^{3/4}$$

$$V = 90/T^{1/8}$$

$$V = 11.9/\,(F\,0.665(48/3\,D)\,0.2373 + (2.4\,/\,(18 + 24D))$$

Après avoir étudié ces lois et déterminé leur expression mathématique, il nous fallait résoudre assez rapidement l'un de ces problèmes complexes pour pouvoir faire usage de ce savoir dans la pratique. Si un bon mathématicien disposait devant lui de ces formules et tentait de trouver la solution (c'est-à-dire de trouver les vitesses de coupe et d'avance idéales), il lui faudrait environ deux à six heures pour résoudre un seul de ces problèmes, donc bien plus de temps qu'il n'en faut aux travailleurs pour faire exécuter l'entièreté du travail à la machine. La tâche considérable que nous avions entre les mains consistait ainsi à trouver rapidement la solution, et tandis que nous progressions vers cette dernière, l'auteur présentait de temps en temps ce problème aux éminents mathématiciens du pays. On leur promettait un prix raisonnable en échange d'une méthode pratique et rapide à appliquer à partir de la résolution de ce problème. Certains n'y jetaient pas plus d'un coup d'œil ; d'autres, par pure politesse, gardaient ce problème avec eux pendant deux ou trois semaines. Ils nous dirent pratiquement tous la même chose : que dans la plupart des cas il était possible de résoudre des problèmes mathématiques à quatre variables, et dans certains cas des problèmes à cinq ou six variables, mais il était manifestement impossible d'en résoudre un qui en contenait douze autrement qu'à tâtons, ce qui était particulièrement long.

Trouver la solution rapidement était néanmoins d'une telle nécessité pour diriger les ateliers, qu'en dépit du peu d'espoir que nous donnaient les mathématiciens, nous continuâmes régulièrement, sur une période de quinze ans, à dédier une grande part de notre temps à la recherche d'une solution simple. En tout, quatre ou cinq hommes allèrent même jusqu'à s'atteler uniquement à ce problème, jusqu'à ce qu'enfin, lorsque l'auteur était à la Bethlehem Steel Company, la règle à calcul adéquate fut finalement conçue. Elle est illustrée dans le dossier n°11 du document intitulé « À propos de l'art de découper les métaux », et est également décrite en détails dans l'article « La fonction des règles à calcul dans les ateliers d'usinage, zoom sur le système de gestion de Taylor » (Vol. XXV des Transactions de the American Society of Mechanical Engineers). Grâce à cette règle à calcul, l'un de ces complexes problèmes peut être résolu en moins d'une minute par n'importe quel mécanicien, qu'il soit bon en mathématiques ou non, rendant ainsi exploitables dans la pratique de tous les jours toutes ces années de recherches et d'expérimentations dans l'art de découper les métaux. Cela nous fournit un bon exemple du fait qu'il est toujours possible de rendre les données scientifiques utiles à la pratique et à la vie de tous les jours, même lorsque ces dernières semblent hors de portée d'hommes ordinaires dépourvus d'expérience et de formation technique. Ces règles à calcul sont désormais utilisées quotidiennement par des machinistes n'ayant aucune connaissance des mathématiques.

Si l'on jette un œil à la formule mathématique (Cf. page 40) qui exprime les lois de la découpe des métaux, il devient clair qu'il est impossible à tout machiniste qui se base sur sa seule expérience et ne dispose pas de ces lois de trouver la bonne réponse à ces deux questions à propos de la vitesse de coupe et de la vitesse d'avance, et ce même s'il répétait cette tâche à l'infini.

Pour en revenir au cas du machiniste qui a fabriqué pendant dix ou douze ans les mêmes pièces, encore et encore, il n'avait qu'une chance infime face aux centaines de méthodes possibles de tomber sur la plus adéquate pour réaliser chacune des pièces. Dans ce cas précis, il ne faut pas oublier que les machines de découpe des métaux de nos ateliers fonctionnent presque toutes à une vitesse choisie instinctivement par les mécaniciens, et non grâce à un savoir obtenu par une étude de l'art de la découpe des métaux. Dans les ateliers systématisés par nos soins, nous réalisâmes que pas une machine ne fonctionnait à la bonne vitesse de coupe, pas même de loin. De telle façon que, pour pouvoir rivaliser avec la science de la découpe de métaux, le machiniste aurait dû d'abord, avant d'espérer pouvoir choisir les bonnes vitesses de coupe, installer de nouvelles poulies sur l'arbre de transmission de sa machine et changer la forme et le traitement thermique de ses outils, *etc*. Or, il n'a absolument aucun contrôle sur ce sujet, même s'il savait quels changements opérer.

Si le lecteur comprend désormais pourquoi les connaissances empiriques du machiniste qui répète jour après jour la même tâche sont incapables de rivaliser avec la véritable science du découpage de métaux, il semble alors évident que le simple mécanicien, même parfaitement qualifié, à qui l'on demande de réaliser une multitude de tâches différentes, est encore moins à même de rivaliser avec la science. Le mécanicien de première classe qui œuvre chaque jour à des tâches diverses et variées nécessiterait, pour faire son travail le plus rapidement possible, d'une vaste connaissance de l'art de découper les métaux ainsi que de l'expérience et du savoir des méthodes permettant de réaliser efficacement chaque tâche manuelle. S'il se souvient des gains obtenus dans la maçonnerie par M. Gilbreth grâce à l'étude des temps et des mouvements d'exécution, le lecteur comprendra qu'il est largement possible de parvenir à des méthodes bien plus efficaces dans tout type de travail manuel grâce à la conduite d'études scientifiques.

Durant les trente dernières années, plusieurs personnes affiliées à la direction d'ateliers d'usinage ont dévoué l'entièreté de leur temps à l'étude scientifique des temps et des mouvements de tous les éléments liés au travail des machinistes, par le biais du chronométrage. Ainsi, lorsque les professeurs (qui font partie de la direction, et qui coopèrent avec les ouvriers) disposent à la fois de la science du découpage de métaux et de celle des temps et des mouvements qui s'appliquent à ce travail spécifique, il n'est pas difficile de comprendre pourquoi même les mécaniciens les mieux qualifiés sont incapables de réaliser au mieux le travail sans l'aide constante et journalière des professeurs. Si le lecteur parvient à concevoir cela, alors l'un des objectifs principaux de cet écrit a été accompli.

Nous avons espoir que les exemples exposés jusqu'ici montrent clairement pourquoi l'organisation scientifique du travail ne peut que mener dans tous les cas à des résultats considérablement supérieurs, pour l'entreprise comme pour les employés, à ceux permis par le type de gestion « initiative-avantage ». Nous espérons aussi qu'il est désormais clair que ces résultats n'ont pas été obtenus en raison de la supériorité du mécanisme d'un type de gestion sur celui de l'autre, mais plutôt grâce au remplacement intégral d'un ensemble de principes sous-jacents par un autre tout à fait différent, ainsi qu'à l'adoption d'une philosophie entièrement différente dans les façons de concevoir la gestion industrielle.

Pour répéter une fois encore les principes appliqués dans chacun des exemples précédents, nous rappelons ainsi que les résultats avaient été permis par (1) le fait de remplacer le jugement individuel des travailleurs par une réelle science ; (2) la sélection rationnelle des ouvriers suite à l'étude et la formation de chacun d'eux, au lieu de laisser les travailleurs se sélectionner au hasard ; (3) la coopération intime entre la direction et les ouvriers, travaillant ensemble selon les lois de la science développée au lieu de laisser le choix des méthodes de travail à chaque ouvrier. L'application de ces nouveaux principes à la place des anciens, où l'effort provenait des seuls ouvriers en tant qu'individus, permet de répartir le travail à parts égales entre la direction et les travailleurs.

C'est dans le but de rendre compte de cette nouvelle philosophie que l'auteur a décidé de rédiger cet ouvrage. Néanmoins, certains de ses éléments méritent d'être explicités davantage.

Développer une science apparait sans doute comme un projet tout à fait colossal, et en effet, tout ce qui consiste en une étude approfondie d'un art, tel que celui de découper les métaux, demande de nombreuses années de travail. La science du découpage de métaux représente cependant, en raison de ses complications particulières et du temps nécessaire à son développement, un exemple presque extrême parmi les arts mécaniques. Pourtant, même dans le cas de cette science particulièrement complexe, quelques mois seulement après le commencement des expérimentations, suffisamment d'informations avaient été obtenues pour amorcer le coût des études et expériences. Cela est également le cas pour la plupart des autres arts mécaniques. Les premières lois développées dans la découpe des métaux étaient grossières et ne comportaient qu'un savoir partiel. Néanmoins, ces connaissances imparfaites surpassaient de loin les connaissances empiriques qui prévalaient jusqu'ici, et elles permirent aux travailleurs, avec l'aide de la direction, d'exécuter un travail bien plus rapide et de bien meilleure qualité.

Par exemple, très peu de temps fut nécessaire à la découverte d'un ou deux types d'outils qui, bien qu'imparfaits comparés à ceux qui seraient développés quelques années plus tard, étaient bien supérieurs à ceux que l'on utilisait à ce moment. Ces outils furent standardisés et contribuèrent immédiatement à améliorer la productivité des machinistes qui les utilisaient. Ils furent ensuite remplacés relativement rapidement par d'autres qui furent à leur tour standardisés, avant de laisser à nouveau la place à d'autres améliorations.*

[*Note : L'expérimentateur en arts mécaniques se trouve souvent confronté à la question de savoir s'il vaut mieux utiliser immédiatement dans la pratique les connaissances fraîchement obtenues, ou poursuivre ses recherches pour atteindre quelque réponse finale. Il voit clairement qu'il a déjà relativement progressé, mais sait aussi qu'il est possible (et même probable) de trouver mieux encore. Chaque cas doit évidemment être considéré indépendamment des autres, mais la conclusion de notre expérience fut qu'il valait mieux, dans la plupart des cas, soumettre le plus tôt possible ces connaissances au test de la mise en pratique. La condition indispensable à ce test est néanmoins que l'expérimentateur ait l'opportunité ainsi qu'une autorité suffisante pour assurer un essai rigoureux et impartial. Et cela, à cause du préjudice universel qui fait prévaloir l'ancien sur le nouveau, est difficile à mettre en place.]

Néanmoins, la science qui sous-tend la quasi-totalité des arts mécaniques est bien plus simple que celle qui conduit la découpe des métaux. Dans la plupart des cas, les lois ou règles développées sont si simples qu'un homme moyen ne leur donnerait même pas le nom de science. Dans la majorité des professions, la science peut s'y développer grâce à une simple analyse et étude des temps et des mouvements exécutés par les ouvriers pour faire leur travail. Cette étude est souvent conduite à l'aide d'un simple chronomètre et d'un carnet de notes bien tenu. Des centaines d'employés chargés de l'étude des temps sont donc ainsi occupés à développer la connaissance scientifique là où prévalait auparavant la connaissance empirique. Même l'étude des mouvements de M. Gilbreth en maçonnerie (décrite à partir de la page 29) requiert une investigation bien plus élaborée que celle qui a lieu dans la majorité des cas. Voici les étapes à suivre de manière générale pour développer une loi simple de ce type :

Premièrement. Prenez environ 10 ou 15 hommes (provenant de préférence d'établissements différents et de diverses régions du pays) particulièrement doués dans le travail dont on cherche à développer la science.

Deuxièmement. Étudiez ensuite la séquence exacte des opérations élémentaires et des mouvements exécutés par chacun des ouvriers pour réaliser le travail en question, ainsi que les outils utilisés.

Troisièmement. À l'aide d'un chronomètre, mesurez le temps requis pour réaliser chacun de ces mouvements, puis sélectionnez les meilleures méthodes parmi celles que vous aurez observées.

Quatrièmement. Éliminez tous les mouvements incorrects, lents et inutiles.

Cinquièmement. Après s'être ainsi débarrassé de tous les mouvements futiles, réalisez une nouvelle séquence opératoire en rassemblant tous les mouvements les plus rapides et les plus efficaces, avec les outils les plus adéquats.

Cette nouvelle méthode unique, qui rassemble les mouvements les plus efficaces pour accomplir une tâche, remplace ainsi les dix ou quinze opérations moins fructueuses qui étaient d'usage auparavant. Cette méthode unique, la plus efficace qui soit, doit ainsi être standardisée, puis enseignée aux professeurs (ou contremaîtres fonctionnels) qui l'enseigneront eux-mêmes à tous les ouvriers de l'établissement jusqu'à ce que toutes les façons de faire antécédentes aient été remplacées par la nouvelle séquence rationnelle de mouvements. L'un après l'autre, en toute simplicité, les éléments de notre science sont ainsi développés.

De la même façon, tous les outils utilisés sont étudiés. La philosophie de la gestion « initiative-avantage » consiste à laisser à chaque travailleur la liberté de juger lui-même des méthodes et outils à adopter pour travailler le plus rapidement possible, entraînant donc toujours l'utilisation d'une grande variété d'outils différents, n'ayant aucune fonction clairement définie et arrêtée. La mise en place d'une organisation scientifique du travail demande tout d'abord l'investigation minutieuse de chacune des nombreuses modifications d'un même outil utilisé dans l'ancien système empirique. Suite à la conduite d'une étude des temps pour connaître la vitesse d'exécution de chacun des outils, la deuxième étape de l'organisation scientifique consiste à rassembler au sein d'un unique instrument standardisé les caractéristiques des meilleurs outils observés, permettant ainsi aux ouvriers de travailler plus rapidement et plus confortablement qu'ils ne le pouvaient auparavant. Cet instrument unique et le plus adéquat qui soit est ainsi standardisé pour remplacer la multitude d'instruments divers qui étaient utilisés par le passé. Il ne pourra lui-même être remplacé que lorsque de nouvelles études de temps et de mouvements révèleront qu'un autre s'avère plus efficace.

Ces précisions montrent bien que le développement de la science à la place des méthodes empiriques est loin, dans la plupart des cas, d'être une entreprise colossale, et que cela peut être accompli par un homme tout à fait ordinaire, ne disposant d'aucune formation scientifique poussée ; mais qu'en revanche, pour obtenir des résultats, une simple amélioration de ce type requiert des études et leur archivage, ainsi que l'instauration d'un système, et la naissance de la coopération, là où par le passé n'existaient que les efforts individuels.

Un autre type d'investigation scientifique, qui a déjà été mentionné dans cet écrit, devra également recevoir notre attention : il s'agit de l'étude minutieuse des motivations qui influencent les ouvriers dans leur travail. À première vue, il semble que cela relève davantage de l'observation individuelle et du jugement, et paraît donc impropre à l'étude scientifique. Il est vrai que les lois qui découlent d'expérimentations de ce genre, en tant qu'elles étudient un organisme extrêmement complexe (l'être humain), sont marquées par un nombre bien plus conséquent d'exceptions que les lois de la matière. Et pourtant, ces lois qui s'appliquent à une majorité d'êtres humains existent incontestablement, et sont de grande valeur lorsqu'elles sont clairement définies, dans la mesure où elles aident à savoir négocier avec les ouvriers. Pour développer ces lois, nous menâmes pendant quelques années des expérimentations rigoureuses, soigneusement planifiées et exécutées, plus ou moins semblables aux expériences menées sur les autres éléments mentionnés plus tôt dans cet ouvrage. Parmi ces lois sur les motivations humaines, la plus importante est sans doute celle qui s'attache à déterminer l'effet de l'idée de travailler selon un système de tâches sur l'efficacité du travailleur. Cela est devenu un tel élément clef du mécanisme de l'organisation scientifique du travail que de nombreuses personnes connaissent ce type de gestion sous le nom de système de « division des tâches ».

Il n'y a absolument rien de nouveau dans l'idée de diviser le travail selon des tâches. Chacun d'entre nous se rappelle sans doute que cette idée était appliquée avec succès à l'école. Un bon professeur ne songerait même pas à demander à ses élèves d'apprendre en une fois une leçon infinie. Il donnerait plutôt chaque jour une tâche bien définie et délimitée aux élèves, précisant ainsi jusqu'où apprendre la leçon. Ce n'est que grâce à cette avancée progressive que les élèves pourront s'améliorer. Un élève moyen avancerait particulièrement lentement, si au lieu de lui donner une tâche, on lui demandait d'apprendre le plus possible. Nous sommes tous de grands enfants, et il est vrai pour nous aussi qu'un travailleur moyen éprouvera plus de satisfaction dans le fait de devoir exécuter chaque jour une tâche particulière en un temps donné. Cela lui donne chaque jour un objectif défini à atteindre, lui permettant ainsi de mesurer ses progrès au fur et à mesure de la journée, et de lui procurer la plus grande satisfaction lorsqu'il accomplit cet objectif.

L'auteur a décrit dans d'autres documents une série d'expériences menées sur les ouvriers, qui a démontré le fait qu'il était impossible de les faire travailler plus durement que les autres hommes autour, à moins de leur promettre une augmentation importante et permanente de leurs salaires. Ces expériences ont également montré qu'il y avait de nombreux ouvriers prêts à travailler plus vite si, en échange, ils touchaient de meilleurs salaires. L'ouvrier doit néanmoins être tout à fait assuré que cette hausse de salaire est permanente. Enfin, ces expériences ont révélé que le pourcentage d'augmentation nécessaire au travailleur pour œuvrer le plus rapidement possible dépendait du type de travail effectué.

Ainsi, il est absolument nécessaire que les ouvriers perçoivent le tarif maximal dès qu'ils parviennent à respecter les objectifs fixés à la journée. Cela demande non seulement de donner chaque jour une tâche spécifique à chaque homme, mais aussi de lui verser des bonus ou des primes importantes dès qu'il réussit à remplir la tâche dans le temps imparti. Il est sans doute difficile de voir à quel point ces deux mesures contribuent à élever (et maintenir) le travailleur au plus haut niveau d'efficacité et de rapidité dans son métier, sans avoir vu sur le même hommes les effets de l'ancien puis du nouveau système de gestion du travail, ou même sans avoir été témoin de ces expériences menées sur différentes classes d'ouvriers attelés à des tâches diverses et variées. Les résultats obtenus grâce à l'application de ce système de tâches et de bonus sont tout à fait remarquables.

Le système de tâches et les bonus (qui peuvent être de formes différentes, comme nous l'avons déjà évoqué) sont deux des éléments les plus importants du mécanisme de l'organisation scientifique du travail. Ils sont particulièrement importants en raison du fait qu'ils sont, pour ainsi dire, un point culminant, dans la mesure où tous les autres éléments de ce mécanisme, tels que le service de planification, les études de temps, la standardisation des méthodes et des outils, le système de routage, la formation de contremaîtres fonctionnels et de professeurs, et dans de nombreux cas la mise au point de règles à calcul, *etc.* ; doivent être réunis pour les rendre possibles.

Nous avons plusieurs fois affirmé le caractère essentiel de la formation systématique des travailleurs pour les aider à être les plus efficaces possible. Il semble effectivement souhaitable d'expliquer plus en détails comment s'organisent la formation et l'enseignement. Dans le cas d'un atelier dirigé selon un système de gestion moderne, des instructions détaillées doivent être rédigées à l'avance par le service de planification pour expliquer comment réaliser au mieux chacune des tâches. Ces instructions sont le fruit du travail de plusieurs hommes au sein de ce service, qui possèdent chacun leur spécialité et leur fonction. L'un d'entre eux, par exemple, est spécialiste des vitesses de coupe et des outils à utiliser pour la découpe de métaux. Il s'aide ainsi des règles à calcul précédemment décrites pour déterminer les vitesses de coupe adéquates, *etc*. Un autre se charge de déterminer les mouvements les plus rapides et les plus efficaces pour installer et ranger le matériel nécessaire au travail à la machine. Un autre encore, grâce aux archives des études de temps, s'occupe de préparer l'emploi du temps et de noter le temps nécessaire à la réalisation de chaque tâche. Les indications de tous ces hommes sont rédigées sur une unique fiche d'instruction.

Ces hommes dont le travail est de première nécessité passent le plus clair de leur temps dans le service de planification, puisqu'ils doivent bénéficier d'un bureau, ainsi qu'avoir à proximité les archives et les données à partir desquelles ils travaillent continuellement, et ne pas être interrompus. Cependant, la nature humaine est telle que nombre d'ouvriers, lorsqu'ils se retrouvent seuls, ont tendance à ne pas consulter les instructions. Il est donc nécessaire que les professeurs (appelés contremaîtres fonctionnels) veuillent à ce que les travailleurs comprennent et respectent ces instructions écrites.

Dans le système scientifique de l'organisation du travail, l'unique contremaître employé dans les anciennes méthodes de gestion est remplacé par huit hommes différents, qui possèdent chacun leurs devoirs spécifiques. Ces hommes qui agissent au nom du service de planification (Cf. paragraphes 234 et 245 de l'article « La Direction des Ateliers ») sont les professeurs experts, qui restent en permanence dans l'atelier pour aider et guider les ouvriers. Tous sont sélectionnés pour leurs connaissances et leurs compétences dans leur spécialité respective. Ils sont non seulement capables d'expliquer aux ouvriers comment faire, mais aussi de faire le travail eux-mêmes en cas de besoin, pour montrer aux ouvriers les méthodes les plus efficaces.

L'un de ces professeurs (appelé inspecteur) s'assure qu'il comprend les dessins et les instructions pour réaliser correctement le travail. Il enseigne ainsi à l'ouvrier comment réaliser un travail de bonne qualité, en lui montrant comment être exact et précis lorsque cela est nécessaire, et rapide et grossier lorsque la tâche ne requiert aucune justesse (ces deux compétences contribuant tout autant au succès l'une que l'autre). Le deuxième professeur (le chef d'équipe) montre à l'ouvrier comment préparer et installer les matériaux sur la machine, et lui enseigne les mouvements les plus efficaces. Le troisième (chef des vitesses) vérifie que la machine fonctionne à la bonne vitesse et que l'outil le plus adéquat est utilisé de la bonne manière, c'est-à-dire de façon à ce que la machine puisse finir la pièce le plus vite possible. En plus de l'aide apportée par ces professeurs, les ouvriers reçoivent les ordres et l'assistance de quatre autres hommes. Le « responsable de la maintenance »[9] s'occupe de réajuster, de nettoyer, et de prendre soin des machines et des courroies. « L'employé temporel »[10]* est chargé de tout ce qui a rapport au salaire des travailleurs et à la rédaction des rapports et des déclarations. « L'employé de coordination »[11]* décide de l'ordre dans lequel chaque ouvrier devra exécuter ses tâches et de la répartition spatiale des hommes dans l'atelier. En cas de désaccord ou de querelle entre un ouvrier et l'un de ses professeurs, « le manager de la discipline »[12]* vient l'interroger.

Il est évident que les ouvriers qui sont employés depuis un certain temps à faire plus ou moins la même tâche ne nécessitent plus autant de l'attention et de l'aide individuelle des contremaîtres fonctionnels. Ceux que l'on charge d'une nouvelle tâche requièrent naturellement qu'on les aide et les observe davantage que ceux qui ont déjà effectué des tâches similaires.

Lorsque le travail a été ainsi facilité par les professeurs et les instructions, il semble à premier abord que l'ouvrier ne soit alors plus qu'un simple automate. Les ouvriers qui rencontrent pour la première fois ce système de gestion s'exclament souvent : « Eh bien quoi, je ne peux même plus penser ou bouger sans que quelqu'un le fasse pour moi ou me dise comment faire ! ». La même critique peut cependant être adressée à tous les autres systèmes modernes de division du travail. Cela n'aurait aucun sens de dire, par exemple, que le chirurgien d'aujourd'hui est plus limité et restreint que les pionniers de ce pays. Le pionnier, pourtant, non seulement devait se faire chirurgien, mais aussi architecte, maçon, bûcheron, fermier, soldat, docteur, tout en défendant ses droits avec un fusil. Mais vous ne diriez pas que la vie du chirurgien moderne est plus limitée, et qu'il est plus un automate que le pionnier. Les nombreuses problématiques que rencontre et doit solutionner le chirurgien sont tout aussi complexes que celles du pionnier.

Il est important de noter que la formation du chirurgien est presque identique à celle que reçoit l'ouvrier dans un système scientifique de l'organisation du travail. Le chirurgien, au début de sa formation, est sous la supervision d'hommes qui disposent de plus d'expérience, et qui lui montrent minutieusement comment exécuter au mieux son travail. Ils lui fournissent les outils les plus adéquats (qui ont été l'objet d'études et d'un développement spécifique) et lui montrent comment les utiliser efficacement. Tous ces enseignements ne le limitent cependant en rien. Au contraire, il reçoit eu peu de temps le savoir de tous ses prédécesseurs, et sait dès le début quelles méthodes et quels outils utiliser en tant que ces derniers sont les plus efficaces qui aient été trouvés depuis le début de cette profession. Le chirurgien peut ainsi faire preuve de sa propre originalité et ingéniosité pour contribuer lui aussi au savoir du monde, au lieu d'avoir à réinventer ce qui existe déjà. De la même manière, l'ouvrier qui coopère avec les professeurs dans la gestion scientifique du travail, a l'opportunité de développer des méthodes et outils qui sont au moins aussi bien et généralement plus efficaces que ce dont il disposait dans les systèmes ordinaires d'organisation du travail, où le choix des méthodes lui était laissé et où il exécutait son travail sans l'aide de personne.

Si un travailleur pouvait s'améliorer seul, sans tout cet enseignement et sans les lois formulées pour l'assister dans son travail, alors il serait logique qu'un jeune étudiant ferait mieux lui aussi d'étudier seul, que d'aller à l'université pour recevoir l'aide d'un professeur en mathématiques, physique, chimie, latin, grec, *etc.* La seule différence, dans ces deux cas, est que les étudiants vont à leurs professeurs, tandis que dans un système scientifique de l'organisation du travail, ce sont les professeurs qui doivent venir aux travailleurs. Grâce au développement de la science et des instructions des professeurs, les ouvriers deviennent capables de produire un travail bien plus grand, plus intéressant, plus florissant et bien plus profitable que jamais auparavant. Le simple manœuvre qui n'était auparavant capable que de pelleter, disons, ou de porter des charges d'un bout à l'autre de l'atelier, est désormais formé aux tâches les plus élémentaires d'un machiniste, et peut ainsi recevoir le salaire supérieur de cette classe de travail. Le machiniste peu qualifié, ou assistant, qui ne s'occupait auparavant que d'une simple perceuse à colonne, apprend à présent à manier les tours et les raboteuses, tandis que les machinistes intelligents et qualifiés bénéficient des postes de contremaître fonctionnel ou de professeur. Et cela se poursuit jusqu'en haut de l'échelle.

Il peut sembler que dans le système scientifique de l'organisation du travail, l'ouvrier n'est pas autant encouragé que dans l'ancien système de gestion à faire preuve d'ingéniosité pour trouver de meilleures méthodes de travail ou des outils plus adéquats. S'il est vrai que, dans le système de gestion rationnel, l'ouvrier n'est pas autorisé à utiliser les outils et les méthodes de son choix, il doit néanmoins recevoir tous les encouragements possibles pour ce qui est de suggérer des améliorations, dans les méthodes comme dans les outils utilisés. Dès qu'un ouvrier propose une amélioration, il doit être du devoir de la direction d'analyser soigneusement cette nouvelle méthode, et de conduire si besoin une série d'expériences pour déterminer avec précision le mérite de la nouvelle suggestion par rapport à la méthode standardisée en vigueur. Si la nouvelle méthode s'avère significativement meilleure que la précédente, elle doit immédiatement être adoptée comme nouveau standard pour l'ensemble de l'établissement. Tout le mérite de cette amélioration doit être attribué au travailleur, qui doit alors recevoir une prime en liquide pour récompenser son ingéniosité. Ainsi, le système scientifique de l'organisation du travail motive davantage les travailleurs à faire preuve d'initiative que l'ancien système de gestion.

L'histoire du développement de l'organisation scientifique du travail demande néanmoins de donner quelque avertissement. Le mécanisme de cette gestion ne doit pas être confondu avec son essence, ou avec sa philosophie sous-jacente. En effet, le même mécanisme donnerait dans un cas des résultats désastreux, et les meilleurs qui soient dans l'autre. Ce mécanisme qui donne lieu aux meilleurs résultats possibles lorsqu'il est employé dans un système scientifique de l'organisation du travail ne mène qu'à l'échec et au désastre s'il s'accompagne de l'état d'esprit inadéquat de ceux qui en font usage. Des centaines de personnes ont déjà pris le mécanisme du système scientifique de l'organisation du travail pour son essence. MM. Gantt, Barth et l'auteur ont présenté des documents au sujet de l'organisation scientifique du travail à the American Society of Mechanical Engineers. Dans ces documents, le mécanisme dont il est question a été longuement décrit. Les éléments de ce mécanisme sont les suivants :

L'étude des temps d'exécution, conduite avec les méthodes et les outils adéquats.

La présence de contremaîtres fonctionnels supérieurs à l'ancien contremaître unique.

La standardisation de tous les outils et de toutes les méthodes utilisés, ainsi que de tous les actes ou mouvements exécutés par les hommes, dans chaque classe de travail.

La mise en place d'un service ou d'un bureau de planification.

Le "principe de l'exception".

L'usage de règles à calcul et d'autres outils similaires permettant de gagner du temps.

Les fiches d'instruction pour les ouvriers.

L'idée de la division des tâches, accompagnée de larges bonus pour récompenser le respect des objectifs fixés.

Les « salaires différentiels ».

Un système mnémotechnique pour classer les produits manufacturés ainsi que les outils.

Un système de routage.

Un système de coûts moderne, *etc., etc.*

Cela ne représente cependant que les éléments, ou détails, du mécanisme de l'organisation scientifique du travail. Dans son essence, ce dernier consiste en une certaine philosophie, qui découle, comme dit précédemment, de la combinaison des quatre grands principes sous-jacents de ce type de gestion. Nous rappelons ci-dessous ces principes :

Premièrement. Le développement d'une véritable science.

Deuxièmement. La sélection rationnelle des travailleurs.

Troisièmement. Le développement et la formation scientifique de ces travailleurs.

Quatrièmement. La coopération intime et sincère entre les ouvriers et la direction.

Lorsque les éléments de ce mécanisme, tels que l'étude des temps d'exécution, la présence des contremaîtres fonctionnels, *etc.*, sont utilisés sans être accompagnés de la véritable philosophie de la gestion scientifique du travail, les résultats sont dans de nombreux cas tout à fait désastreux. Et malheureusement, même lorsque des hommes qui éprouvent un réel intérêt pour les principes de l'organisation scientifique entreprennent trop rapidement le remplacement de l'ancien type de gestion par le nouveau, sans prendre garde aux avertissements de ceux qui ont pourtant des années d'expérience en la matière, ils finissent fréquemment confrontés à de sérieux problèmes, notamment à des grèves, suivies par l'échec.

L'auteur, dans son article intitulé « La Direction des Ateliers », porte une attention particulière aux risques courus par les directeurs d'entreprises qui tentent de changer trop rapidement de systèmes de gestion. Cependant, ces risques sont trop peu souvent pris en compte. Les changements tangibles qui sont nécessaires à la réorganisation, les études de temps à conduire, la standardisation de tous les outils utiles au travail, la nécessité d'étudier chaque machine individuellement et d'ordonner parfaitement tout cela demande beaucoup de temps, mais plus vites ces éléments seront étudiés et améliorés, mieux se passera la réorganisation. De l'autre côté, le problème principal du remplacement du système de gestion « initiative-avantage » par le système scientifique de l'organisation du travail est de parvenir à transformer complètement l'état d'esprit et les habitudes de tous ceux qui font partie de la direction, ainsi que de tous les travailleurs. Cette transformation ne peut avoir lieu que progressivement et en montrant aux ouvriers de nombreux cas pratiques, qui, en parallèle de leur formation, finiront par les convaincre tout à fait de la supériorité du nouveau système de gestion sur l'ancien. Ce changement d'état d'esprit chez les travailleurs demande beaucoup de temps. Il est impossible de l'accélérer au-delà d'un certain point. L'auteur a averti encore et encore ceux qui espéraient opérer un tel changement que même dans un petit établissement, cela pouvait prendre deux à trois ans, ou même quatre à cinq dans certains cas.

Les premiers changements qui impactent les travailleurs ne doivent être opérés que très progressivement, et ne devraient au début concerner les ouvriers que l'un après l'autre. Aucun changement supplémentaire ne doit être opéré avant que l'entièreté des ouvriers soit convaincue des gains que leur apportera la nouvelle méthode. Puis, chaque ouvrier devra être prudemment adapté au nouveau système. Lorsqu'un quart ou un tiers des hommes employés par l'entreprise est passé de l'ancien au nouveau système, on perçoit très rapidement des progrès, puisque c'est à peu près à ce moment qu'advient généralement la transformation totale de l'opinion publique des employés de l'entreprise et que la quasi-totalité des ouvriers qui œuvre encore selon l'ancien système de gestion est désormais désireuse de prendre part aux avantages dont elle voit bénéficier ceux qui travaillent dans le nouveau système.

Dans la mesure où l'auteur ne pratique plus ce changement de système de gestion au sein des entreprises (comme il ne pratique plus aucun métier, et ce quel qu'en soit le salaire), il n'hésite pas à répéter une fois encore que sont chanceuses les entreprises qui peuvent s'assurer les services d'experts qui disposent d'une bonne expérience dans la mise en place du système scientifique de l'organisation du travail, et qui ont étudié en profondeur ses principes. Il ne suffit pas, pour être expert, qu'un homme ait été directeur dans une entreprise dirigée selon ces nouveaux principes scientifiques. L'homme qui entreprend de guider le changement de l'ancien au nouveau système de gestion (en particulier au sein d'entreprises aux métiers complexes) doit bénéficier d'une expérience qui puisse l'aider à surpasser toutes les difficultés que l'on rencontre toujours dans ce cas, et qui sont propres à cette période de transition. C'est en vertu de cela que l'auteur espère passer le reste de sa vie à aider ceux qui souhaitent entreprendre un tel métier, et à conseiller les directeurs et les patrons d'entreprise quant aux étapes à respecter pour opérer ce changement de système.

Ci-dessous un exemple en guise d'avertissement à ceux qui envisagent de mettre en place le système scientifique de l'organisation du travail. Plusieurs hommes ne disposant pas de l'expérience nécessaire pour opérer ce changement du type de gestion « initiative-avantage » au type scientifique sans courir le risque de provoquer des grèves ou de menacer le succès de l'entreprise, ont tenté trop rapidement de faire augmenter le rendement dans un établissement relativement complexe, qui employait entre trois et quatre mille hommes. Ceux qui entreprirent ce changement étaient tout à fait compétents, enthousiastes, et avaient, je crois, réellement à cœur d'œuvrer dans l'intérêt des ouvriers. L'auteur les avertit avant toute chose de l'importance de faire ce changement très progressivement, et qu'il ne pouvait prendre fin avant trois à cinq ans. Néanmoins, ils décidèrent d'ignorer ce conseil. Évidemment, ils pensaient qu'en utilisant le mécanisme du système scientifique avec les principes du système « initiative-avantage », au lieu des principes du système de gestion scientifique, ils pouvaient, au bout d'un an ou deux, produire ce qui par le passé prenait au moins le double de temps. Le savoir acquis grâce aux études de temps est un puissant instrument, et il peut être utilisé pour contribuer à l'harmonie entre les travailleurs et la direction, puisqu'il permet d'instruire, de former et de guider progressivement les ouvriers vers de meilleures méthodes de travail. En revanche, il peut aussi être utilisé comme une sorte de matraque pour contraindre l'ouvrier à travailler davantage chaque jour sans augmenter son salaire. Malheureusement, les hommes chargés du changement de système ne prirent pas le temps ni la peine de former les contremaîtres fonctionnels ou professeurs nécessaires pour instruire et guider les ouvriers. Ils tentèrent, à l'aide de l'ancien contremaître unique désormais armé du savoir tiré de l'étude des temps, de contraindre les ouvriers à travailler bien plus dur, contre leur gré et sans grande augmentation de leurs salaires, au lieu de les former progressivement et de les guider vers de nouvelles méthodes, tout en leur montrant au travers d'exemples concrets que le système de tâches représente davantage de travail, mais aussi une bien meilleure prospérité. Cette négligence des principes fondamentaux du système scientifique de l'organisation du travail provoqua une série de grèves, suivie de la chute des hommes qui avaient tenté d'opérer le changement, ainsi que du retour de conditions de travail bien pires que celles qui avaient précédé la tentative de changement.

Cet exemple est donné en tant que preuve de la futilité d'utiliser le mécanisme du nouveau type de gestion sans l'accompagner de son essence, et de la vanité de la tentative de réduire le temps nécessaire à cette vaste opération en ignorant tout à fait les avertissements de ceux qui disposent d'expérience.

Il est important de noter que ces hommes qui avaient entrepris le changement étaient compétents et sérieux, et que cet échec n'était pas dû à un manque d'aptitudes de leur part, mais simplement au fait qu'ils avaient essayé de faire l'impossible. Ces hommes ne referont pas la même erreur, et il est à espérer qu'elle serve également de leçon à d'autres.

Par rapport à cela, d'ailleurs, il est important de préciser une fois encore que durant les trente années que nous avons passées à présenter les principes scientifiques de l'organisation du travail, pas une seule grève n'a été déclarée dans les entreprises qui travaillaient conformément à ceux-là, y compris durant la période de transition qui a séparé l'ancien système du nouveau. Si les méthodes adéquates sont mises en place par des hommes disposant de l'expérience nécessaire, il n'y a absolument aucun risque de grèves ou de troubles de manière générale.

L'auteur insiste encore sur le fait que la direction d'un établissement dont le travail est relativement complexe ne doit en aucun cas effectuer ce changement de système à moins que les directeurs de l'entreprise comprennent et acceptent tout à fait les principes fondamentaux de l'organisation scientifique du travail, et qu'ils soient conscients de tout ce qu'implique un tel changement, notamment du temps requis, et qu'ils désirent ardemment l'instauration d'une gestion scientifique du travail.

Il ne fait aucun doute que parmi ceux qui veillent sur leurs ouvriers, beaucoup se plaindront du fait que le système scientifique de gestion montre aux hommes comment travailler deux fois qu'avant sans pour autant doubler les salaires ; tandis que d'autres, parmi ceux qui portent plus d'intérêt aux dividendes qu'aux hommes, se plaindront du fait que dans ce système, les hommes perçoivent des salaires bien plus importants qu'avant.

Il semble en effet extrêmement injuste qu'un manutentionnaire en fonte, par exemple, qui parvient, suite à sa formation, à transporter 1,8 fois plus de fonte qu'avant, n'ait qu'une hausse de salaire de 60%.

Il ne faut cependant pas juger de cela avant que tous les éléments de cette situation aient été étudiés. De prime abord, seules deux parties sont visibles dans la transaction : les ouvriers et les employeurs. Mais en réalité, une troisième partie existe, à savoir le peuple tout entier, c'est-à-dire les consommateurs, qui achètent les produits des deux premières parties et paient d'une part les salaires des ouvriers, et de l'autre les bénéfices des employeurs.

Les droits du peuple sont ainsi bien plus importants que ceux des employeurs ou des employés. Or, cette troisième partie doit recevoir sa part des gains. Il suffit de jeter un œil à l'histoire industrielle pour voir que c'est au peuple que revient la plus grande part des avantages et bénéfices qui découlent des avancées de l'industrie. Durant les cent dernières années, par exemple, le plus gros facteur de hausse de rendement, et donc également de hausse de la prospérité au sein du monde civilisé, a été l'introduction de la machine à la place du travail manuel. Il est indéniable que c'est le peuple, c'est-à-dire les consommateurs, qui ont bénéficié de la plus grosse part des gains permis par ce changement.

Par moments, et en particulier dans le cas d'appareils brevetés, il pouvait s'agir des dividendes de ceux qui avaient mis en place les machines qui augmentaient considérablement, et parfois, bien que malheureusement rarement, c'était les employés qui bénéficiaient de meilleurs salaires, de journées plus courtes et de meilleures conditions de travail. Mais en général, la plupart des gains revenaient au peuple.

Une même configuration suivra la mise en place d'une organisation scientifique du travail, de la même façon qu'elle a suivi l'introduction des machines dans l'industrie.

Pour en revenir au cas des manutentionnaires en fonte, il faut donc partir du principe que la majorité des gains qui résulte de la forte hausse du rendement reviendra à la fin aux consommateurs, sous la forme de fonte à moindre prix. Ainsi, avant de déterminer la part des travailleurs et de l'employeur, c'est-à-dire ce qu'il est juste de donner à l'ouvrier qui transporte les charges et ce qu'il conviendrait de laisser à l'entreprise comme bénéfices, il faut considérer la chose depuis diverses perspectives.

Premièrement. Comme dit précédemment, le manutentionnaire n'est par un homme extraordinaire qu'il serait difficile de trouver, mais simplement un homme qui possède plus ou moins les dispositions du bœuf, et est donc relativement lourd de corps comme d'esprit.

Deuxièmement. Le travail qu'exécute cet ouvrier ne le fatigue pas plus qu'une honnête journée de travail ne fatigue un ouvrier moyen. S'il venait à être fatigué à outrance, cela signifie que la tâche qui lui a été assignée a été mal calibrée, et cela ne correspond donc en rien aux principes de l'organisation scientifique du travail.

Troisièmement. Si cet ouvrier parvient à accomplir une honnête journée de travail, ce n'est pas en raison de sa propre initiative ou de son originalité, mais grâce à la connaissance de la science du transport de fonte, développée par un autre que lui.

Quatrièmement. Il est juste que des hommes appartenant à peu près à la même classe (définie par l'ensemble de leurs compétences) touchent approximativement les mêmes salaires lorsqu'ils travaillent au meilleur de leurs capacités. Il serait tout à fait injuste pour les autres ouvriers que ce seul manutentionnaire perçoive un salaire 1,8 fois supérieur aux leurs, alors qu'ils appartiennent à la même classe de travail et remplissent eux aussi d'honnêtes journées de travail.

Cinquièmement. Comme expliqué précédemment dans cet ouvrage, cette hausse de salaire de 60 pour cent n'était pas le résultat du jugement arbitraire de quelque contremaître ou superintendant, mais celui d'une longue série d'expérimentations visant à déterminer objectivement quelle compensation servirait au mieux l'intérêt de l'ouvrier, toutes considérations comprises.

Ainsi, il est clair que ce manutentionnaire et sa hausse de salaire de 60 pour cent ne devrait pas être plaint.

Mais les faits sont toujours plus convaincants que les opinions ou les théories, et il est ainsi particulièrement significatif d'ajouter que dans les faits, les ouvriers qui ont intégré ce système durant les trente dernières années ont toujours été satisfaits des salaires reçus, et les employeurs également enchantés de leurs dividendes.

L'auteur fait partie de ceux qui espèrent et ont la conviction qu'en prenant conscience de ces faits, la troisième partie (le peuple) insistera de plus en plus pour que justice soit faite entre les trois parties. Cela demandera la plus grande productivité possible de la part des employés et des employeurs. Ne sera plus toléré l'employeur qui n'a d'yeux que pour les dividendes, qui refuse de remplir sa part du travail et ne fait que flageller ses hommes pour les faire travailler plus dur tout en les payant une misère. Ne sera pas tolérée non plus la tyrannie des ouvriers, qui exigent toujours plus de hausses de salaires et des journées toujours plus courtes, tandis que la productivité diminue chaque jour davantage.

L'auteur est convaincu que ce qui permettra enfin la productivité des employeurs et des employés, ainsi que la division équitable des bénéfices produits par leurs efforts communs, est l'organisation scientifique du travail, qui a pour seul objectif d'établir la justice entre les trois parties grâce à l'investigation scientifique et impartiale de tous les éléments de cette problématique. Au début, les deux parties résisteront à ce progrès. Les travailleurs mépriseront tout changement de leurs méthodes empiriques, tandis que la direction n'appréciera pas d'avoir à assumer de nouveaux devoirs ; mais à la fin, grâce à son opinion éclairée, le peuple parviendra à imposer à l'employeur et à l'employé le nouvel ordre des choses.

Il ne fait aucun doute que certains diront que tout ce qui a été dit ici ne contient aucun fait entièrement nouveau. Cela est probablement vrai. L'organisation scientifique du travail n'est pas nécessairement une invention grandiose, ni une découverte de faits nouveaux et formidables. Mais elle rassemble cependant divers éléments qui constituent ensemble une combinaison inédite et jamais vue par le passé, à savoir des connaissances anciennes réunies, analysées, et classées au sein de lois et de règles faisant ainsi science, accompagnées d'une transformation totale de l'état d'esprit des travailleurs et des membres de la direction vis-à-vis de leurs responsabilités et devoirs respectifs, ainsi que de leurs relations l'un avec l'autre ; et enfin, d'un nouveau partage des devoirs entre les deux parties, et d'une coopération sincère et chaleureuse qu'il est impossible d'atteindre avec la philosophie de l'ancien type de gestion du travail. Tout cela ne pourrait exister sans l'aide supplémentaire des mécanismes développés.

L'organisation scientifique du travail n'est donc pas constituée d'un élément unique, mais plutôt d'une combinaison d'éléments. Elle peut être résumée ainsi :

La science, plutôt que l'empirisme.

L'harmonie, plutôt que la discorde.

La coopération, plutôt que l'individualisme.

Le rendement maximal, au lieu du freinage de la production.

Le développement de chaque homme pour atteindre les meilleures efficacité et prospérité possible.

L'auteur souhaite une fois encore déclarer que : « Le temps est compté pour celui qui atteint la réussite seul et sans l'aide de ceux qui l'entourent. Vient désormais le temps de la coopération, où toutes les grandes choses sont réalisées par des hommes œuvrant chacun à la tâche à laquelle ils sont le mieux adaptés, par des hommes singuliers, et suprêmes dans leurs fonctions particulières, par des hommes qui ne perdent rien de leur originalité et de leur propre initiative, tout en étant à l'écoute des ordres et en travaillant en harmonie avec les autres. »

Les exemples donnés précédemment sur la possibilité d'accroître le rendement grâce au nouveau système de gestion du travail montrent clairement les gains réalisables. Ils ne représentent pas des cas isolés ou exceptionnels, et ont été choisis parmi des milliers d'autres situations similaires.

Examinons à présent les avantages qui découleraient de l'adoption générale de ces principes scientifiques.

La plupart des bénéfices reviendrait au monde dans sa globalité.

Le plus gros avantage dont bénéficie la génération d'aujourd'hui par rapport aux anciennes provient du fait que l'homme moyen d'aujourd'hui, avec un certain effort, produit deux, trois à quatre fois plus d'objets utiles à l'homme que par le passé. Cette hausse de la productivité et de l'effort humain est évidemment due à de nombreux facteurs autres que la seule amélioration de la dextérité individuelle de chaque travailleur. En effet, elle est également due à la découverte de la vapeur comme source d'énergie et de l'électricité, à l'introduction des machines, aux petites et grandes inventions et aux progrès de la science et de l'instruction. Mais quelles que soient les causes de cette hausse de la productivité, c'est à l'accroissement de la productivité des individus que le pays entier doit sa prospérité.

Ceux qui craignent que la hausse de la productivité de chaque travailleur provoque des licenciements doivent réaliser que ce qui différentie par-dessus tout les pays civilisés des barbares (les peuples prospères des peuples misérables) est que l'homme moyen d'un pays civilisé produit cinq à six fois plus que celui d'un pays pauvre. Il est également important de noter que la cause principale du taux important de chômage en Angleterre (sans doute la nation la plus puissante au monde) est que les ouvriers anglais, plus que dans tout autre pays civilisé, freinent délibérément la production et le rendement parce qu'ils sont persuadés de l'idée que travailler le plus dur possible va à l'encontre de leurs intérêts.

L'adoption généralisée des principes de l'organisation scientifiques du travail permettrait de doubler facilement la productivité de l'homme moyen dans l'industrie. Pensez ainsi à ce que cela pourrait signifier à l'échelle de la nation. Songez à tous les produits indispensables et de luxe qui deviendraient alors accessibles à l'entièreté du pays, à la possibilité de réduire les heures de travail et d'accroître l'accès à l'éducation, à la culture et aux loisirs. Tandis que le monde entier bénéficierait ainsi d'une hausse de la production, l'industriel et l'ouvrier jouiraient des améliorations obtenues à petite échelle. La gestion scientifique du travail entraînerait, pour les employeurs et les ouvriers prêts à l'accepter (et en particulier pour les premiers à l'adopter), la suppression de la quasi-totalité des motifs de disputes et de désaccords entre eux. Ce en quoi consiste une honnête journée de travail deviendrait l'objet d'une investigation scientifique, au lieu d'être le sujet de négociations et de marchandages. Le freinage systématique cesserait tout à fait puisqu'il n'aurait tout simplement plus de raison d'être. La hausse des salaires, propre à ce système de gestion, effacerait les disputes liées à la question de la rémunération. Mais par-dessus tout, la coopération intime et sincère entre employeurs et employés, ainsi que le contact constant, réduiraient progressivement à néant les frictions et les mécontentements. Il est effectivement difficile pour deux personnes ayant les mêmes intérêts et travaillant ensemble à la même fin, chaque jour, de nourrir une querelle.

La réduction des coûts de production qui accompagne le fait de doubler les rendements permettra aux entreprises qui adopteront ce système de gestion de mener une concurrence bien plus redoutable qu'avant, et d'accroître leurs marchés de façon si considérable que leurs employés auront toujours du travail, même durant les périodes de faible activité économique, et qu'ils gagneront bien mieux leur vie.

Cela contribue ainsi à la hausse de la prospérité et à la diminution de la pauvreté, non seulement pour les ouvriers mais aussi pour l'entièreté de la communauté à laquelle ils appartiennent.

L'une des conséquences indirectes de cette hausse de rendement est que chaque ouvrier a reçu une formation systématique lui permettant d'atteindre son plus niveau d'efficacité, et a pu œuvrer au sein d'une classe de travail supérieure à celle à laquelle il appartenait initialement dans l'ancien système de gestion. Dans le même temps, il a appris à considérer avec chaleur ses employeurs et ses conditions de travail, lorsqu'auparavant il passait le plus clair de son temps à les critiquer, à s'en méfier, ou même à leur faire ouvertement la guerre. Ce bienfait partagé par tous ceux qui travaillent selon ce système scientifique de gestion est sans aucun doute l'élément le plus important du mécanisme de l'organisation scientifique du travail.

Entreprendre et permettre la réalisation de tels résultats n'est-il pas de bien plus grande importance que de chercher à résoudre un à un la plupart des problèmes qui agitent en ce moment même les peuples d'Angleterre et d'Amérique ? Et n'est-il pas du devoir de ceux qui connaissent les faits transmis par cet ouvrage de chercher à convaincre la communauté entière de la primauté de cet objectif sur tous les autres ?

BIOGRAPHIE

Frederick Winslow Taylor est né le 20 mars 1856 à Germantown, un quartier de Philadelphie en Pennsylvanie, aux États-Unis. Issu d'une famille quaker aisée et cultivée, Taylor a grandi dans un environnement où le travail acharné, la discipline et l'éducation étaient fortement valorisés. Son père, Franklin Taylor, était un avocat prospère et un homme d'affaires, tandis que sa mère, Emily Annette Winslow, était une fervente abolitionniste et une activiste sociale.

Taylor a d'abord fréquenté l'Académie Phillips Exeter dans le New Hampshire, une institution prestigieuse où il a reçu une éducation rigoureuse. Initialement destiné à entrer à l'université de Harvard, il a dû abandonner ses plans en raison de problèmes de vue. Cherchant une alternative, Taylor a entrepris un apprentissage de machiniste à la Enterprise Hydraulic Works de Philadelphie en 1874. Cette expérience pratique a été fondamentale pour le développement de ses idées ultérieures sur l'efficacité du travail.

En 1878, Taylor rejoint la Midvale Steel Company en tant qu'ouvrier de base. Grâce à son intelligence et à sa détermination, il gravit rapidement les échelons de l'entreprise, devenant tour à tour chef d'équipe, contremaître, ingénieur en chef et finalement directeur des travaux. C'est durant cette période qu'il commence à élaborer ses théories sur la gestion scientifique du travail, en observant et en analysant les processus de production.

Taylor a commencé à appliquer ses principes de gestion scientifique à Midvale, où il a mené des études de temps et de mouvement pour déterminer les méthodes de travail les plus efficaces. Il a introduit la spécialisation des tâches, la standardisation des outils et des méthodes, ainsi que des systèmes de rémunération basés sur la performance. Ses premières expériences ont montré une augmentation significative de la productivité et une réduction des coûts de production, ce qui a attiré l'attention d'autres industriels.

En 1893, Taylor quitte Midvale pour devenir consultant indépendant en gestion. Il travaille pour diverses entreprises, dont la Bethlehem Steel Corporation, où il perfectionne davantage ses techniques de gestion scientifique. C'est là qu'il développe le "système de chargement des caisses", qui permet de déterminer la quantité optimale de travail que chaque ouvrier peut accomplir sans se fatiguer inutilement. Ce système a conduit à une augmentation spectaculaire de la productivité des ouvriers de Bethlehem Steel.

En 1911, Taylor publie son ouvrage majeur, *Les Principes de l'organisation scientifique du travail*, où il expose ses théories et méthodes de manière systématique. Le livre présente les quatre grands principes de la gestion scientifique :

Développement d'une véritable science du travail : chaque tâche doit être étudiée scientifiquement pour déterminer la méthode de travail la plus efficace.

Sélection scientifique et formation des ouvriers : les travailleurs doivent être choisis en fonction de leurs capacités et formés pour exécuter leur tâche selon les méthodes établies.

Coopération étroite entre la direction et les ouvriers : la direction doit collaborer avec les travailleurs pour s'assurer que les méthodes sont correctement mises en œuvre.

Répartition équitable des responsabilités : la direction doit prendre en charge la planification et la préparation du travail, tandis que les ouvriers se concentrent sur l'exécution.

Ces principes ont été révolutionnaires et ont eu un impact profond sur la gestion industrielle. Ils ont permis d'augmenter l'efficacité, de réduire le gaspillage et de créer un environnement de travail plus structuré et plus productif.

Les idées de Taylor ont eu une influence durable sur le monde de l'entreprise et de la gestion. Sa notion de management scientifique a jeté les bases de nombreuses pratiques modernes en matière de gestion, de production et d'organisation du travail. Les études de temps et de mouvement qu'il a popularisées sont encore utilisées aujourd'hui dans diverses industries pour améliorer l'efficacité opérationnelle.

Taylor a également eu un impact sur la formation des cadres et la gestion des ressources humaines. Son insistance sur la formation et le développement des compétences des travailleurs a contribué à l'émergence de programmes de formation professionnelle et de développement des employés dans les entreprises.

Malgré ses succès, Taylor et ses méthodes ont également été critiqués. Certains ouvriers et syndicats ont vu dans le management scientifique une tentative de déshumaniser le travail et de traiter les travailleurs comme de simples machines. On lui a reproché de se concentrer uniquement sur l'efficacité et la productivité, au détriment du bien-être des employés. De plus, ses méthodes ont parfois été mal appliquées, ce qui a entraîné des conflits et des tensions dans les entreprises.

Cependant, Taylor a toujours défendu ses idées en affirmant que l'amélioration de l'efficacité bénéficiait à la fois aux employeurs et aux employés, en permettant une réduction des coûts et une augmentation des salaires grâce à une meilleure productivité.

Frederick Winslow Taylor est décédé le 21 mars 1915, à l'âge de 59 ans, à Philadelphie. Malgré les controverses, son héritage demeure immense. Il est souvent considéré comme l'un des pionniers les plus importants de la gestion moderne et ses idées continuent d'influencer les pratiques de gestion à travers le monde.

Les principes de Taylor ont été intégrés dans de nombreux systèmes de production modernes, tels que le lean manufacturing et le six sigma. Son travail a également inspiré des théoriciens de la gestion comme Henri Fayol et Max Weber, qui ont développé leurs propres théories sur la gestion et l'organisation.

En résumé, Frederick Winslow Taylor a apporté une contribution inestimable à la science de la gestion. Ses idées sur l'efficacité, la standardisation et la coopération entre la direction et les employés ont transformé le paysage industriel de son époque et continuent d'influencer la manière dont les entreprises sont gérées aujourd'hui. Taylor reste une figure incontournable pour quiconque s'intéresse à l'histoire de la gestion et à l'évolution des pratiques industrielles.

[1] L'auteur note qu'il a tenté de rendre compte de ce malheureux état de fait dans un ouvrage intitulé « La Direction des ateliers », lu à the American Society of Mechanical Engineers.

[2]* N.d.T. : Deuxième plus grande entreprise sidérurgique aux États-Unis durant la deuxième moitié du XXe siècle. Située en Pennsylvanie, Taylor a tenté d'y mettre en application ses théories, mais a été licencié avant d'avoir réussi à convaincre la direction d'utiliser ses principes.

[3]* N.d.T. : Taylor s'exprime en tonnes anglaises (1016 kg).

[4]N.d.T. : Le cheval-vapeur est une unité de puissance qui associe le mètre au kilogramme-force (ou les pieds à la livre-force). Elle sert surtout à évaluer la vitesse à laquelle le travail est effectué.

[5] N.d.T. : « rice coal » dans le texte d'origine, qui fait référence à la dimension des morceaux de charbon, de la taille d'un grain de riz (*rice*).

[6]Cf. document lu devant the American Society of Mechanical Engineers, écrit par Fred. W. Taylor, Vol. XVI, p. 856, intitulé « Un Système de salaires différentiels ».

[7] N.d.T. : La vitesse de coupe (en mètres par minute) correspond à la vitesse parcourue par une dent en une minute.

[8] N.d.T. : la vitesse d'avance (en millimètres par minute) correspond à la vitesse de translation de l'outil qui coupe un matériau spécifique, suivant une opération spécifique (perçage, tournage, fraisage...).

[9] N.d.T. : « repair boss » dans le texte source.

[10]* N.d.T. : « time clerk »

[11]* N.d.T. : « route clerk »

[12]* N.d.T. : « disciplinarian »

9 782487 586239